Fritz Auer · Meine Lebensreise als Architekt

Allitera Verlag

Fritz Auer

Meine Lebensreise als Architekt

Allitera Verlag

2. Auflage November 2023
Allitera Verlag
Ein Verlag der Buch&media GmbH, München
© 2023 Buch&media GmbH, München
Layout, Satz und Umschlaggestaltung: Mona Königbauer
Gesetzt aus der Univers
Printed in Europe · ISBN 978-3-96233-420-8

Bilder: Privatarchiv Auer bis auf U1, Tremola, historische Passstraße am Gotthard, Schweiz
© Leonid Andronov/shutterstock.com und U3, Porträt Fritz Auer © Alessandra Schellnegger

Allitera Verlag
Merianstraße 24 · 80637 München
Fon 089 13 92 90 46 · Fax 089 13 92 90 65

Weitere Publikationen aus unserem Programm finden Sie auf
www.allitera.de
Kontakt und Bestellungen unter info@allitera.de

Inhalt

1	Statt eines Vorworts	6
2	Der Anfang 1951 – eine Baugrube	8
3	Studentenleben in Stuttgart 1953–1958	16
4	Hochschule und kleine Fluchten	26
5	USA und Cranbrook 1958–1960	36
6	1960 – um die Welt in 113 Tagen	60
7	Die Stuttgarter Jahre 1960–1967	94
8	Freitag, der Dreizehnte – Oktober 1967	104
9	Die Münchner Jahre 1968–1974	108
10	Rückruf nach Stuttgart	116
11	Abschied von Behnisch & Partner und Neuanfang 1980	126
12	25 Jahre Auer + Weber	134
13	Die nächste Generation ab 2006	152
14	90. Geburtstag	156
15	Statt eines Nachworts	158

Anhang
Reden und Schriften aus 50 Jahren

Berufsphilosophie und Lehre	163
Soziale Themen	221
Personenporträts	243
Dankesreden	263

1   Statt eines Vorworts

Wie kommt man dazu, im neunzigsten Lebensjahr stehend, sich nicht nur aus dem Gedächtnis an die vielen Stationen und Ereignisse eines Lebens- und Berufswegs zu erinnern, sondern diese in Form eines „Berichtes" auch schriftlich und bildlich zu dokumentieren?
Der Anlass und Grund ist weniger, das eigene Ego in den Vordergrund zu rücken, sondern auf die vielen Fragen zu meiner „Laufbahn" einzugehen, die mir immer wieder gestellt wurden – seien sie aus dem Familien-, Freundes- oder Bekanntenkreis.
Dass mit dieser Dokumentation die mich bewegende Frage implizit ist, was in Wirklichkeit – geistig, körperlich, sinnlich – „Erlebnis" bedeutet, möge auch an eine Generation gerichtet sein, welcher solche Erfahrungen erspart oder besser gesagt, nicht vergönnt blieben, nachdem sie zunehmend in einer „visuellen Realität" aufgewachsen und darin ersatzweise zu Hause ist.
Ich möchte sie deshalb ermuntern, trotz dieser bequemen Verlockungen die direkte „Konfrontation" mit unserer Wirklichkeit zu suchen, sei es die Geschichte oder Gegenwart, und sie als Lebensinhalt zu begreifen.
In diesem Sinne wünsche ich neue Erkenntnisse bei der Lesereise durch meine Geschichte – und vielleicht macht sie Lust auf neue Entdeckungen auf eigenen Lebensreisen.

Dass der zweite Teil meines Lebensberichts ab 1960 etwas sachlicher und weniger „abenteuerlich" ausfällt, mag mit der dann beginnenden „Sesshaftigkeit" im Privaten wie im Beruflichen begründet sein. Über das diesen Lebensabschnitt bestimmende Ereignis „Olympia 72" habe ich anlässlich des fünfzigjährigen Bestehens des Münchener Olympiaparks ausführlich in meinem Buch „Ein Zeltdach für München und die Welt" berichtet, welches im Münchner Allitera Verlag erschienen ist.
Und wer sich noch weiter in meine Geschichte vertiefen möchte, findet im Anhang „Geschriebenes und Gesprochenes aus 50 Jahren" meine Lebensreise ergänzende Informationen.

Stuttgart/München, im Juli 2023

Fritz Auer

2 Der Anfang 1951 – eine Baugrube

Mein Wunsch, Architektur zu studieren, hing mit dem Hausbau meiner Eltern zusammen.
Schon vor dem Krieg hatten sie einen Bauplatz in Kirchentellinsfurt gekauft, einem Dorf bei Tübingen, wo mein Vater Lehrer war. Es war ein sonniges Hanggrundstück mit freiem Blick ins Neckartal.
Hier wollten sie endlich ihr eigenes Haus bauen. Das war ihr großer Traum, für den sie jede entbehrliche Mark sparten. Zweimal platzte dieser Traum: einmal durch den Ausbruch des Zweiten Weltkriegs und später durch die Währungsreform 1948, in der sie all ihr Erspartes verloren.
1951 fassten sie den Entschluss, den Hausbau nun endlich wahr zu machen. Mein Vater war bereits sechzig, meine Mutter neunundfünfzig Jahre alt.
Mit der Planung des Hauses beauftragte mein Vater einen im Ort ansässigen Architekten, der an der Staatsbauschule Stuttgart studiert und sich nach dem Krieg in Kirchentellinsfurt niedergelassen hatte.
Um Geld zu sparen, halfen mein Bruder Gotthold und ich, die Baugrube auszuheben – nach der Schule und in den Sommerferien, nur mit Schubkarre und Pickel. Als das getan war und die Fundamente gegossen wurden, kam dieser Architekt auf die Baustelle und erklärte den Arbeitern anhand von einfachen, lichtgepausten 1:50-Werkplänen, was und wie sie weiter machen sollten. Und so geschah es dann auch tatsächlich.
Davon und von dem Auftritt des Architekten mit seinem schwarzen Künstlerhut war ich so beeindruckt, dass ich mir vorstellen konnte, ebenfalls diesen Beruf zu ergreifen.
Als einer meiner Freunde hörte, dass ich mich für Bauen und Architektur interessierte, schenkte er mir ein Buch, das Theodor Heuss, der erste Präsident der Bundesrepublik Deutschland, 1939 über den

1

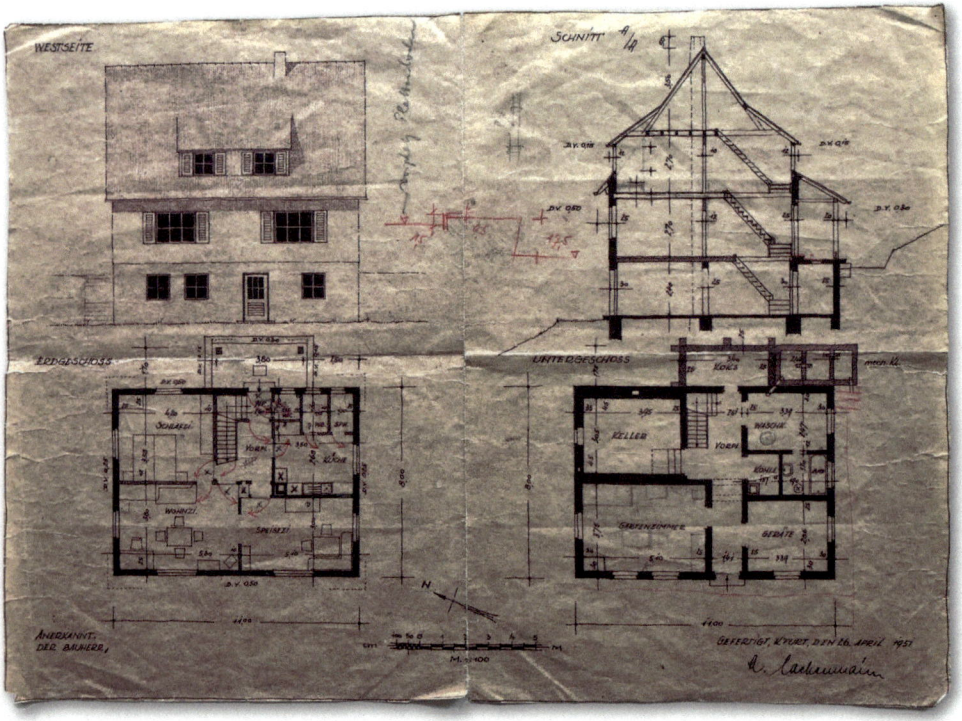

2

Architekten Hans Poelzig geschrieben hatte. Es war ein ärmliches Buch, eine Nachkriegsausgabe von 1947, in graue Pappe gebunden. Doch dieses Buch, vor allem die darin enthaltenen Kohlezeichnungen der Entwürfe von Poelzig, sollte später in der Eignungsprüfung für die Aufnahme an die Technische Hochschule (TH) Stuttgart für mich eine entscheidende Rolle spielen.

Mein Entschluss stand fest: Ich würde mich für ein Architekturstudium an dieser Hochschule bewerben. Um überhaupt zur Aufnahmeprüfung zugelassen zu werden, war jedoch eine dreimonatige Vorpraxis vorgeschrieben. Einen Teil davon absolvierte ich in einer Schreinerei in einem Dorf bei Kirchentellinsfurt, den zweiten Teil bei einer Zimmerei in Reutlingen. Die dritte Station fand ich bei einem Architekten in Oberhaugstett bei Neubulach im Nordschwarzwald, woher ein Teil meiner Familie stammt.
Die letzte Vorpraxisstelle hatte ich bei einem Architekten in Tübingen. Beide vertraten noch die „Stuttgarter Schule", eine an der handwerklichen Tradition und der frühen Moderne orientierte Lehre. Schon während der Vorpraktika bei diesen beiden Architekten musste ich zeichnen. Das hatte ich allerdings vorher nicht gelernt, an der Schule in Tübingen, an der ich das Abitur abgelegt hatte, gab es keinen nennenswerten Zeichen- oder gar Kunstunterricht.

Im Oktober 1953 sollte das Wintersemester an der TH Stuttgart beginnen. Davor war eine Eignungsprüfung angesetzt, welche die Voraussetzung für die Aufnahme zum Studium war.
Die Prüfung nahm Professor Maximilian Debus ab, ein sensibler ehemaliger Bauhaus-Schüler, der für die Grundlehre (Zeichnen, Modellieren, Schrift) zuständig war.

HANS POELZIG

DAS LEBENSBILD
EINES DEUTSCHEN BAUMEISTERS

VON

THEODOR HEUSS

NEUE AUSGABE
MIT 59 ABBILDUNGEN

VERLAG ERNST WASMUTH / TÜBINGEN

Da merkte ich, dass ich aus der Provinz kam.
Ich hatte keine Ahnung, was die verschiedenen
Aufgabenstellungen bedeuteten: „Zeichnen Sie
eine Komposition aus Linien, Punkten, Rechtecken
und Quadraten; „Zeichnen Sie Ihr Traumhaus" oder:
„Zeichnen Sie den Bauplan einer Streichholzschachtel."
Ob ich mit meinen Resultaten die Prüfung bestanden
hätte, glaube ich kaum.
Schließlich kam die letzte Frage: „Welche Architekten
kennen Sie?" Immerhin kannte ich den Namen
von Paul Bonatz, dem Architekten des Stuttgarter
Hauptbahnhofs. Und ich konnte dank dem Geschenk
meines Freundes den Architekten Hans Poelzig
anführen. Ich bin mir sicher, dass das den Professor
überraschte und seine Neugier weckte: Wie kam
dieser Nobody aus der schwäbischen Provinz dazu,
ausgerechnet Poelzig zu erwähnen?
Jedenfalls scheint das Eindruck gemacht zu haben. Ich
wurde aufgenommen, zusammen mit etwa zwanzig
anderen. Vierzig Bewerber hatten weniger Glück.
Meine architektonische Unbefangenheit sollte sich
allerdings bald ändern, denn ich versuchte nun,
meinen Blick für Gebäude zu schärfen, die für mich
„modern" aussahen – so das ebenfalls von Bonatz
stammende „Hotel Graf Zeppelin" gegenüber
dem Bahnhof, die beiden Corbusier-Häuser in der
Weißenhofsiedlung und auch das „Loba"-Haus von
Gutbrod am Olgaeck.

Das Studium war teuer. Die Studiengebühren bezahlte
ich von meinen Sommerjobs, meine Eltern gaben
einiges dazu. Es war klar, dass ich das Geld später,
wenn ich mit dem Studium fertig wäre, zurückzuzahlen
hätte, denn meine Mutter führte minutiös Buch über
jede Mark, die sie dafür ausgab.
Eine größere Investition zu Studienbeginn waren
Bücher. Einige waren für mich besonders wichtig
und vermittelten mir entscheidende Grundlagen.
Dazu gehörte natürlich der „Neufert", bis heute die

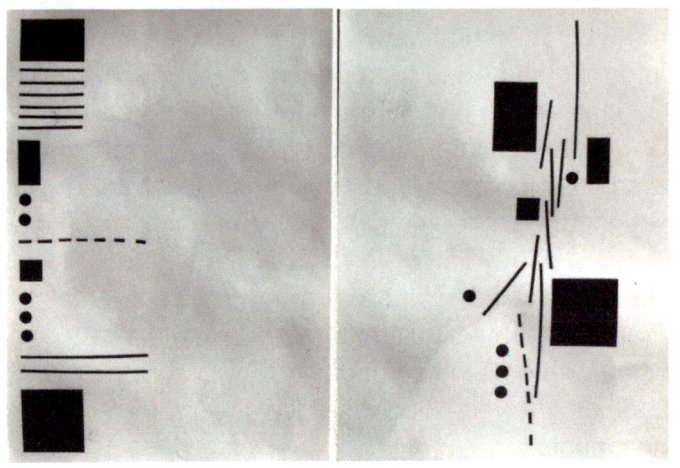

5

6

7

„Bibel" für Architekten. Darin sind die allgemeinen Informationen rund ums Bauen – die Maße von Gegenständen wie Stühle oder Tische bis hin zu Gebäudetypologien und deren Flächenbedarf – zusammengefasst. Und es gab den „Voelckers", das Grundrisswerk, durch das ich lernte, mit den Augen durch gebaute Beispiele zu „wandern" und sie zu verstehen. Zwei weitere wichtige Bücher waren für mich später „Architektur und Gemeinschaft" von Siegfried Giedion und „Architektur" von Walter Gropius, die verschiedene Positionen zur Architektur behandeln.

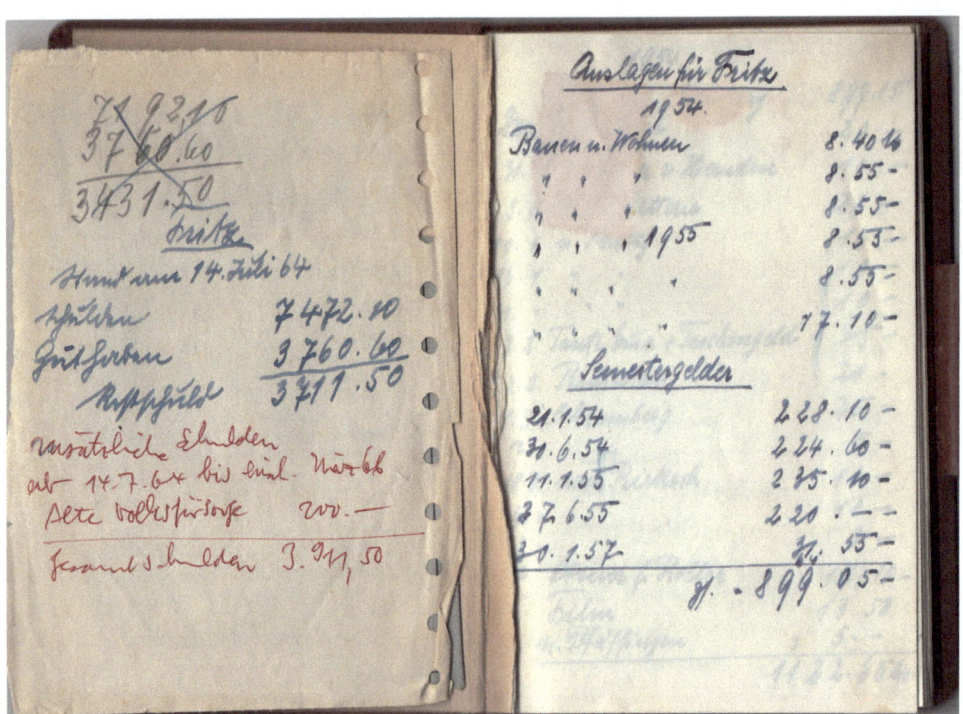

10

11

3   Studentenleben in Stuttgart 1953–1958

Das Studium und die Hochschule waren von nun an mein Leben, meine Welt. Meine erste Studentenbude war ein Dachzimmer bei einer entfernten Verwandten meiner Mutter in Ludwigsburg. Jeden Morgen fuhr ich von dort mit dem Vorort-Zug nach Stuttgart und stieg am Nordbahnhof aus. Dort führte ein Fußweg hinauf zur Kunstakademie am Weißenhof, wo zu der Zeit das Architekturstudium stattfand, weil das Gebäude der TH im Stadtzentrum ausgebombt war. Um die Fahrt zur Hochschule zu verkürzen, zog ich schon bald von Ludwigsburg nach Stuttgart. Bis zum Ende des Grundstudiums und während der darauffolgenden Zwischenpraxis wohnte ich bis 1958 in Stuttgart-
1 Sillenbuch.
Mit einundzwanzig machte ich meinen Führerschein in Schramberg im Schwarzwald. Gemeinsam mit ein paar Studienkollegen war ich dort in den Sommersemesterferien zu unserer ersten „Bauaufnahme", um ein bisschen Geld zu verdienen. Die Uhrenfirma Junghans besaß in Schramberg überalterte Hallen und wollte diese modernisieren. Dafür sollten wir sie aufmessen und anschließend davon Bestandspläne zeichnen.

Den mein späteres privates und berufliches Leben begleitenden Menschen lernte ich gleich zu Beginn des Studiums kennen: Karl-Heinz Weber aus Saarbrücken. Er war ebenfalls Erstsemester, wohnte außerhalb von Stuttgart und kam wie ich auch jeden Tag mit dem Zug am Nordbahnhof an. Auf dem Weg von dort zur Akademie freundeten wir uns bald an. Das Architekturstudium bestand damals aus vier Semestern Grundstudium. Dann folgten zwei Semester Zwischenpraxis, anschließend begann das Oberstufenstudium, das mit dem Diplom abschloss.

Im Grundstudium gingen Karl-Heinz und ich jeden Tag an die Hochschule, es gab ein vollgepacktes Curriculum. In „Baukonstruktion" beschäftigten wir uns zum Beispiel mit Mauerwerkverbänden oder Flügelfenstern. All das mussten wir von der Tafel abzeichnen, es gab aber auch Merkblätter und die „Baukonstruktionslehre" von Martin Mittag, die ich mir allerdings noch nicht leisten konnte. Schon damals merkte ich, dass Karl-Heinz sehr gut zeichnen konnte. Er war mir auf diesem Gebiet immer voraus.
Eines der für mich wichtigsten Fächer im Unterstufenstudium war „Einführung ins Entwerfen" bei Hans Kammerer, einem jungen Assistenten von Professor Rolf Gutbier, der damals Städtebau lehrte. Kammerer öffnete uns die Augen für das Erlebnis von Raum und Atmosphäre. Er stellte Aufgaben, zum Beispiel den Entwurf für ein kleines Wochenendhaus in den Weinbergen über dem

2 Remstal. Als Kammerer meinen „Entwurf" dafür sah, war er sichtlich überrascht und meinte: „Das ist fast von Tessenow'scher Qualität!" Der Name Tessenow sagte mir aber gar nichts. Erst später erfuhr ich, dass er in den Zwanzigerjahren einer der bedeutendsten deutschen Architekten war. Heinrich Tessenow zeichnete seine Entwürfe mit der Feder, ich meine Übungen dagegen schon mit dem Rapidografen.
Das Fach „Gebäudelehre" unterrichtete Professor Hans Volkart. Er brachte uns nahe, wie der Grundriss beispielsweise eines Wohnhauses, eines Hotels oder gar einer Konzerthalle organisiert ist und wie die jeweiligen funktionalen Zusammenhänge sind. Er zeigte uns das zum Beispiel an der Villa Tugendhat von Mies van der Rohe in Brünn: „Das Gebäude ist niedrig, man sieht von der Straße

3 aus nur etwas Eingeschossiges als Eingang. Von da führt eine halbrunde Treppe hinab in die Wohnsituation und schließlich, ganz hinten, zum letzten Rückzugsbereich – wir nennen das ‚al fondo'. Dort brennt dann das Kaminfeuer." Mir wurde dadurch

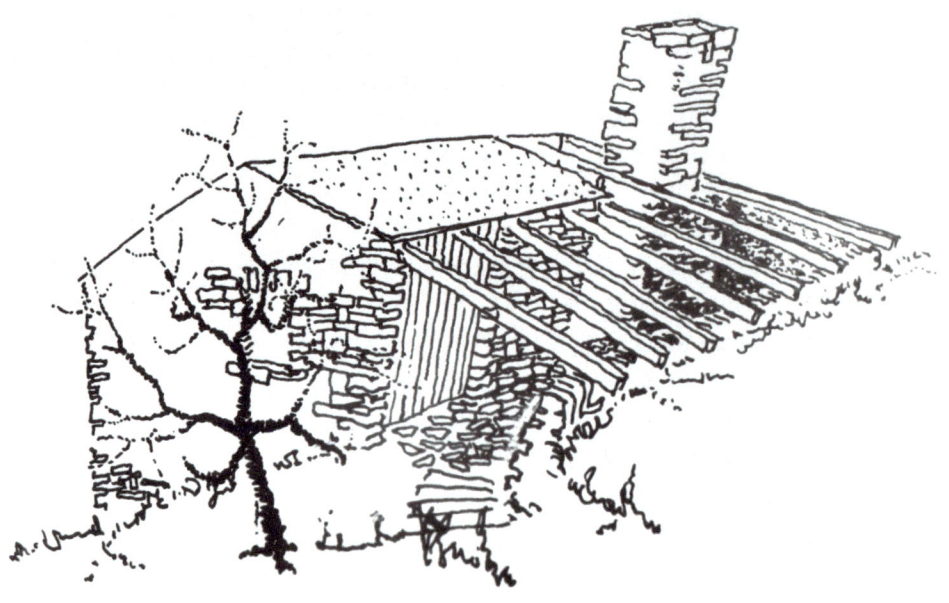

2

3

klar, dass der Grundriss nicht nur eine Organisation ist, sondern etwas sinnlich Erlebbares.

Professor Jürgen Joedicke, der später zu unserem Olympiateam gehören sollte, brachte uns im Grundstudium die Grundelemente der Statik bei – Balken, Stütze, Kragarm … Sein Hauptinteresse galt aber den Schalenkonstruktionen insbesondere des Mexikaners Felix Candela und des Schweizers Heinz Isler. Letzterer stieß später ebenfalls, auf Empfehlung von Joedicke, zu unserem Olympia-Wettbewerbsteam. Ein weiterer wichtiger Lehrer war Professor Harald Hanson. Er brachte uns die frühe Baugeschichte nahe – von der Antike mit Ägypten und Griechenland bis hin zur Renaissance. Seine Vorlesungen waren manchmal trocken, Baugeschichte nahmen wir damals nicht besonders wichtig. Vor Semesterende hielt er aber immer eine freie Vorlesung, darunter eine über Architektur in Frankreich: Es ging um Gotik, Chartres, aber auch um weltliche Architektur. Seine Bemerkung „Frankreich ist nicht nur Paris!" ist bei mir hängen geblieben, obwohl mir dieses Land bislang unbekannt war.

Auch den für mich später beruflich wegweisenden Menschen lernte ich in der Unterstufe kennen: Günter Behnisch. Im vierten Semester war eine Übung zum Thema „Konstruktives Entwerfen" angesetzt, in der wir baukonstruktive Einzelheiten an einem vorgegebenen Beispiel entwickeln sollten. In diesem Fall ging es um den Entwurf eines Splitlevel-Wohnhauses am Hang. Dabei mussten wir uns für eine Bauweise entscheiden: Holz- oder Mauerwerksbau. Der Entwurf ging bis in Details wie Treppengeländer und Fenster.

Ich kam in die Korrekturgruppe, die ein gewisser Günter Behnisch leitete. Er war elf Jahre älter als ich und Mitarbeiter im Büro von Professor Günter Wilhelm, der später in der Oberstufe „Baukonstruktion II" unterrichtete.

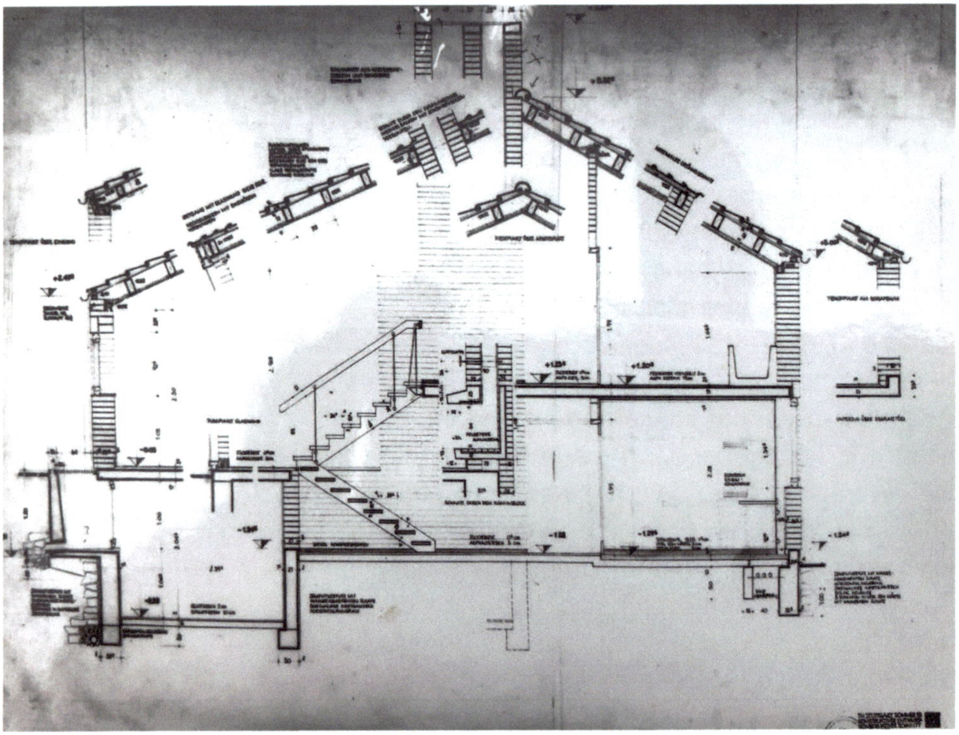

Behnisch kam immer sonnengebräunt direkt aus dem Leuze-Freibad zur Korrektur, in Sandalen und mit offenem Hemd. Als es dem Semesterende zuging, fragte er mich, ob ich Lust hätte, für die Zwischenpraxis in sein Sillenbucher Büro zu kommen. Und wenn ich noch jemanden wüsste, den ich sympathisch fände, könne ich denjenigen gleich mitbringen. Natürlich schlug ich meinen Studienfreund Karl-Heinz Weber vor, und er kam mit.

So begann 1955 Behnischs, Webers – dem wir schon bald den Namen „Carlo" gaben – und meine gemeinsame Geschichte.
Behnisch war im Krieg mit einundzwanzig Jahren einer der jüngsten deutschen U-Boot-Kommandanten gewesen und kam danach eine Zeit lang in britische Kriegsgefangenschaft. Ein ebenfalls internierter Architekt empfahl ihm ein Architekturstudium, welches er dann in einem verkürzten Spätstudium als Kriegsheimkehrer an der TH Stuttgart absolvierte.
Die Zwischenpraxis bei Behnisch dauerte ein Jahr, von 1955 bis 1956. In dem kleinen Büro in Stuttgart-Sillenbuch gab es neben Behnisch und uns beiden nur noch zwei Mitarbeiter.
In dieser Zeit arbeitete ich mit an der Werkplanung für das Projekt Vogelsangschule im Stuttgarter Westen. Die Anlage bestand aus einem Hauptbau, einigen eingeschossigen Pavillons und einer Turnhalle. Am Hauptbau, einer Hallenschule nach skandinavischem Vorbild, arbeitete Carlo mit, ich an den Pavillons. Auch halfen wir mit an vielen Wettbewerben, vor allem für Schulgebäude. Meistens lief das so, dass Behnisch entschied: „Wir machen ein Gebäude in U- oder in O- oder in H-Form", dann räumten Carlo und ich das Programm ein und bauten das Modell dazu. Zusammen mit Behnisch besichtigten wir 1955 auf dem Weg zu einem Ski-Wochenende den Neubau der Hochschule für Gestaltung am Kuhberg in Ulm,

6

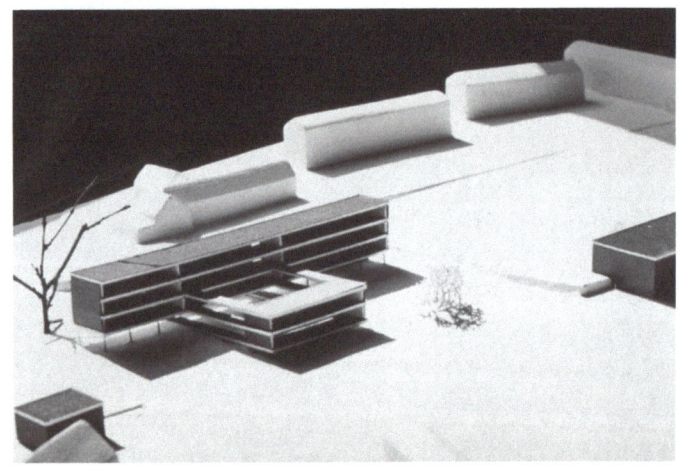

7

8

entworfen von dem Schweizer Architekten Max Bill
und bis 1955 realisiert. Die bewusst karge Form- und
Materialsprache beeindruckte uns sehr und war für
die kommenden Projekte maßstabsetzend.

4 Hochschule und kleine Fluchten

Während und direkt nach der Zwischenpraxis unternahm ich mehrere Reisen. Eine längere führte mich im Sommer 1955 nach Südfrankreich. Dafür hatte ich einem Akademiestudenten seine gebrauchte Vespa 125 abgekauft, lindgrün, 4 PS, Höchstgeschwindigkeit siebzig Stundenkilometer.

Am 10. August 1955 brach ich mit diesem Roller nach Südfrankreich auf. Ausnahmsweise war diesmal nicht Carlo dabei, der zu der Zeit in einem Düsseldorfer Büro arbeitete, sondern mein Studienfreund Heinz Hartel, was in unserem Reisetagebuch belegt ist.

Wir fuhren bis in die Provence. Die Reise ging jedoch nur stockend voran, denn die Vespa war mit uns beiden samt Gepäck offensichtlich überfordert. Wir mussten fast jeden Tag in eine andere Werkstatt, um etwas reparieren zu lassen.

Fast vier Wochen und mehr als 3600 Kilometer waren wir unterwegs. Wir badeten im Mittelmeer, schliefen meist im Freien oder in einem kleinen Firstzelt und waren am Ende völlig verwildert, während die Vespa nach den vielen Reparaturen so gut wie erneuert war.

Zwei Jahre später unternahmen Carlo, Heinz und ich mit einer Studentengruppe der TH Stuttgart eine Exkursion zur Interbau-Ausstellung in Berlin. Dort lernte ich zum ersten Mal ein Werk von Frei Otto kennen. Für den Pavillon der Ausstellung „die stadt von morgen" hatte er ein Schutzdach über einem MERO-Raumfachwerk entwickelt, an das ich mich später bei meinem Diplomentwurf für ein „Centro Italiano" wieder erinnerte.

Ende April 1957 fuhr ich mit meiner Vespa über ein verlängertes Wochenende ins Elsass. Einer meiner intensivsten Eindrücke auf dieser Fahrt war Le Corbusiers Wallfahrtskirche Nôtre-Dame du Haut oberhalb Ronchamp, etwa eine halbe Stunde westlich von Belfort.

1

2

Noch am Abend meiner Ankunft ging ich zu der Kirche hinauf. Im Inneren war es ganz still, es brannten nur Kerzen. Tags darauf besuchte ich die Kirche noch einmal und war wieder überwältigt: Das Sonnenlicht fiel durch die von Corbusier bemalten Glasfenster und tauchte den Innenraum in ein faszinierendes Spiel aus
₈ Licht und Farben.

Mein Interesse an Kirchen und Kunstgeschichte war durchaus Ergebnis des Unterrichts in Baugeschichte bei Professor Hanson. Als ich die Werke mit eigenen Augen sah, wurde die Geschichte auf einmal lebendig. Beispiele wie die romanischen Klosterkirche von
₉ Murbach im Elsass oder von Marmôutier, gebaut aus
₁₀ changierend-farbigem Buntsandstein, wurden für mich
₁₁ erleb- und begreifbar.

Im April 1958 fuhren Carlo und ich nach Brüssel, um die dortige Weltausstellung zu besuchen. Ich mit meiner Vespa, Carlo mit einer Zündapp Bella. Über Bernkastel, wo wir eine gemeinsame Freundin, die Tochter eines Winzers, besuchten und im Wald unter
₁₂ freiem Himmel schliefen, kamen wir nach Aachen und bewunderten dort den Dom mit seinem Oktogon und die Fronleichnamskirche von Rudolf Schwarz. Dann ging es über Lüttich, Löwen, Mecheln nach Antwerpen. In Brüssel angekommen, übernachteten wir in der dortigen Jugendherberge in einem früheren Pferdestall und schlenderten abends durch die Stadt mit ihren vielen Bierlokalen.

Am nächsten Tag besuchten wir das Expogelände mit dem Wahrzeichen des „Atomium", eine polierte Aluminiumstruktur. Natürlich interessierte uns vor allem der Deutsche Pavillon, eine miteinander verbundene Pavillongruppe, deren gläserne Transparenz und materielle Zurückhaltung uns
₁₃ faszinierten. Entworfen und gestaltet hatten den Pavillon Egon Eiermann und Sep Ruf. Hier begegnete ich zum ersten Mal dem Namen Eiermann, der für mich später in zwei Weichenstellungen meines Lebens von großer Bedeutung sein sollte.

9/10

11

12

13

Von all meinen bisherigen Reisezielen hatte es mir Frankreich besonders angetan. In den folgenden Semesterferien – ich hatte nichts Festes vor –, machte ich mich mit meiner Vespa auf den Weg in die Bretagne, die ich bis dahin noch nicht kannte. Von Stuttgart fuhr ich bis an die Atlantikküste – gut tausend Kilometer.

Ich benötigte nämlich für das Studium in der Oberstufe eine zweite Bauaufnahme. Die erste hatte ich in Bad Dürrheim bei Donaueschingen gemacht, von einem alten Fachwerkhaus, das abgerissen werden sollte. Nun hielt ich in der Bretagne nach möglichen Objekten Ausschau. Überall sah ich wunderbare alte Gebäude, die sich eigneten. Schließlich entdeckte ich einen Bauernhof in Trégastel an der Côte de Granit Rose mit ihren imposanten Felsen, der mir für meine Zwecke perfekt schien, weil er aus mehreren Einzelbauten bestand, die ganz in Granit ausgeführt waren. Ich meldete mich bei der Bauersfamilie an, die sich für mein Vorhaben aufgeschlossen zeigte, und so nahm ich mein Zeichenzeug und fing an zu skizzieren. Für die Bauaufnahme benötigte ich eine Woche. In dieser Woche aß und schlief ich bei der Familie, die traditionelle Bretonen waren. Wenn man sonntags über Land fuhr, hatten die Frauen weiße Sonntagshauben auf und trugen Trachten. Vor den Kirchen standen überall die Calvaires, aufwändige, in Granit gemeißelte Kreuzigungsgruppen.

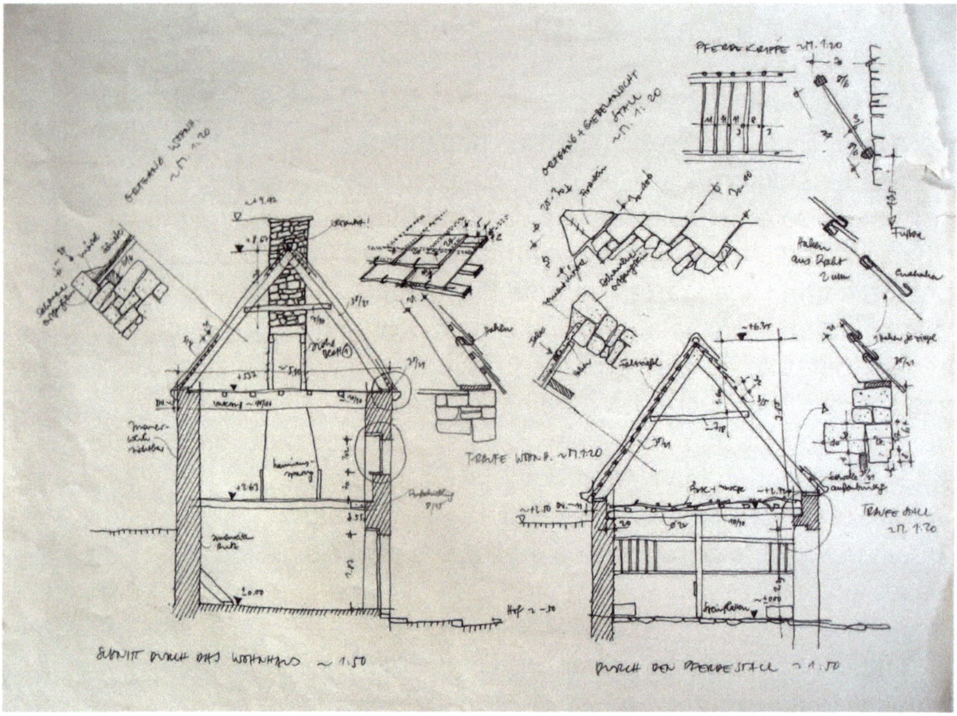
SCHNITT DURCH DAS WOHNHAUS ~1:50
DURCH DEN PFERDESTALL ~1:50
PFERDEKRIPPE ~M. 1:20
TRAUFE WOHNH. ~M.1:20
TRAUFE STALL ~M. 1:20

16

17/18

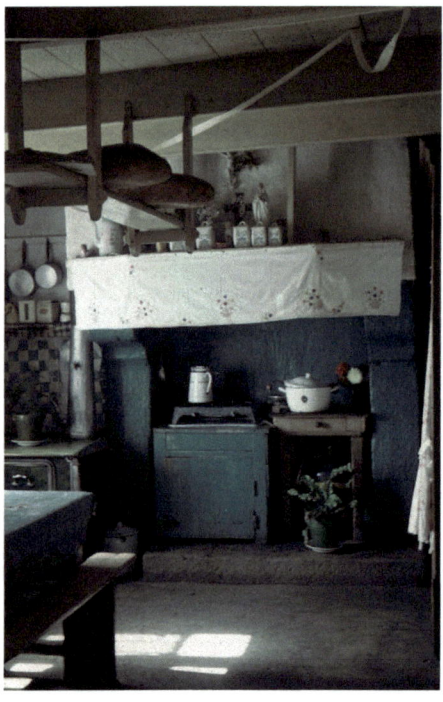

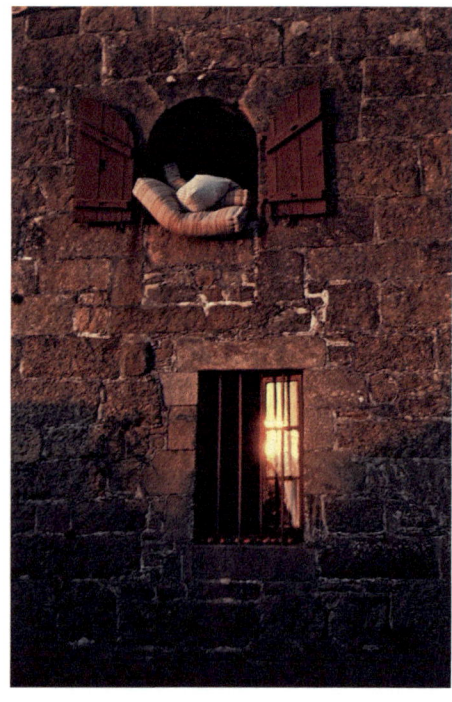

5 USA und Cranbrook 1958–1960

Nach dem Ende der Zwischenpraxis begann das Oberstufenstudium, das Carlo und ich allerdings nicht mehr so ernst nahmen wie das Grundstudium. Überwiegend arbeiteten wir weiterhin im Büro Behnisch und verlängerten dort die Praxis mit Wettbewerben, Werkplanung und Detailzeichnungen. In der Oberstufe wurden größere Entwurfsaufgaben gestellt, darunter auch eine für ein Wohnhaus in Stuttgart-Degerloch, in einer bevorzugten Situation auf einem vorspringenden Hangrücken mit Blick über die Stadt. Professor Volkart sollte das dortige Grundstück für einen Klienten bebauen und stellte uns deshalb diese Aufgabe.
Ich hatte ein Haus entworfen, ähnlich der Villa Tugendhat in Brünn, die er uns schon im Grundstudium erklärt hatte. Dazu hatte ich Handzeichnungen gemacht, die für mich noch sehr
1 wichtig werden sollte. Übrigens wurde das Haus später mit Ähnlichkeiten zu meinem Entwurf realisiert. Während dieser Entwurfsarbeit fragte mich der betreuende Assistent, ob ich mich für ein Stipendium des Deutschen Akademischen Austauschdienstes (DAAD) an der Cranbrook Academy of Art in den USA bewerben wolle. Es gebe aber nur einen Platz. Die Hin- und Rückreise würde per Schiff erfolgen. Das klang verlockend, und zudem war es ungewöhnlich, dass mit dem hoch dotierten Stipendium ein „Fulbright"-Reisestipendium verbunden war.
Ich reichte meine Bewerbungsunterlagen beim DAAD ein und wurde überraschend im Frühjahr 1958 zu einem Vorstellungsgespräch eingeladen, das in Bonn stattfinden sollte, damals noch Hauptstadt der Bundesrepublik.
Für mich, der ich bisher noch nicht über die Schweiz, Belgien und Frankreich hinausgekommen war, waren die USA so entfernt und fremd wie der Mond.

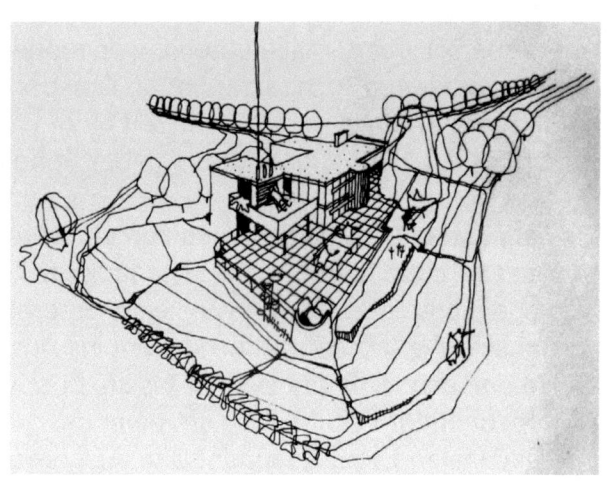

Aber Amerika war damals führend, was moderne und wegweisende Architektur betraf. Drei der berühmtesten Architekten dieser Zeit hatten dort ihre Büros: Frank Lloyd Wright, Mies van der Rohe und Richard Neutra.
Ein Jahr in den USA studieren zu können wäre wie ein Sechser im Lotto, denn Hochschulen pflegten in den Fünfzigerjahren noch so gut wie keinen internationalen Austausch. Wer als deutscher Student ins Ausland wollte und das nicht aus eigener Tasche bezahlen konnte, benötigte ein Stipendium einer der großen internationalen Organisationen. Und ausgerechnet ich war nach Bonn eingeladen.
Wer das Gespräch mit mir führen würde, war mir nicht bekannt. Ich wusste nur, dass die Kommission hochkarätig besetzt war mit Künstlern, Schriftstellern und Architekten. Es ging schließlich um ein begehrtes und gut dotiertes Stipendium, es gab dafür viele Bewerber – und eben nur einen Platz.
Völlig übernächtigt kam ich in Bonn an, denn am Vortag war ich noch in München auf einer großen Kokoschka-Ausstellung im Haus der Kunst gewesen – die erste Ausstellung seines Werks nach dem Ende des Zweiten Weltkriegs. Um pünktlich in Bonn zu sein, blieb mir also nur der Nachtzug.
Als ich endlich am Sitzungsort eintraf, erfuhr ich so nebenbei, dass das Stipendium schon so gut wie vergeben sei, und zwar an einen gewissen Henning Huth aus Braunschweig. Er war der Lieblingsschüler von Friedrich Wilhelm Kraemer, einem renommierten Architekten und Hochschullehrer aus Braunschweig, bei dem Henning Huth studierte und praktizierte. Damit schien die Sache für mich gelaufen, sodass ich recht entspannt in das Gespräch ging.
Als ich den Sitzungsraum betrat, stellte sich heraus, dass ein gewisser Egon Eiermann den Vorsitz hatte. Er war vierundfünfzig Jahre alt, Professor für Architektur an der Technischen Hochschule Karlsruhe und einer der damals bedeutendsten deutschen Architekten.

Eiermann führte Wort und befragte mich in einem legeren Gespräch, weshalb ich in die USA wolle und mich für dieses Stipendium bewerbe. Ich hatte meine Bewerbungsunterlagen, Lebenslauf und Arbeitsproben aus dem Studium vorab einreichen müssen. Darunter waren auch die Zeichnungen des Hauses in Stuttgart, welches ich bei Volkart entworfen hatte.

Eiermann blätterte in meinen Unterlagen und fragte unvermittelt: „Wie zeichnen Sie denn?" Ich wusste nicht, was er damit meinte, wollte mir aber keine Blöße geben und antwortete etwas flapsig: „Das zeichne ich einfach mit links", obwohl ich, der ich Linkshänder bin, immer rechts zeichne. Darauf meinte er nur: „Ich bin auch Linkshänder." Damit war ich entlassen und sollte draußen, zusammen mit den anderen Bewerbern, warten.

Natürlich waren alle gespannt, wie die Entscheidung ausfallen würde. Irgendwann öffnete sich die Tür des Sitzungsraums, Eiermann kam heraus – und zeigte mir das „Daumen hoch"-Zeichen!

Einige Tage später erfuhr ich, dass er die Kommission überzeugen konnte, ausnahmsweise nicht nur ein, sondern zwei Stipendien für ein Architekturstudium in Cranbrook zu vergeben. Das eine ging wie erwartet an Henning Huth, das andere an mich. Ich musste offenbar einen guten Eindruck bei Eiermann und bei der Kommission hinterlassen haben.

Das Stipendium galt für zwei „Terms", also für zwei Semester, und belief sich auf etwa 10.000 DM, was damals viel Geld und mit dem Reisestipendium gekoppelt war. Die Unterkunft vor Ort war frei, auch die ansonsten hohen Studiengebühren mussten die Stipendiaten nicht bezahlen.

Dieser Nachmittag in Bonn war mit entscheidend für mein späteres Leben und zudem meine erste und einzige persönliche Begegnung mit Egon Eiermann. Diesem Architekten verdanke ich zwei wichtige Weichenstellungen: Er war es, der mir das Studium

in Amerika ermöglichte, und er war es, der sich zehn Jahre später als Vorsitzender des Preisgerichts dafür einsetzte, dass unser Entwurf für den Münchner Olympiapark mit seinen Sportstätten den ersten Preis bekam.

Zeitlich fiel das Stipendium mitten in mein Oberstufenstudium. Das bedeutete, dass ich mich entscheiden musste, ob ich die Chance wahrnehmen und das Studium mit dem achten Semester unterbrechen wollte, um nach Amerika zu gehen. Natürlich entschied ich mich für Amerika. Auch Carlo zog es daraufhin ins Ausland. Er ging 1959, ebenfalls mit einem DAAD-Stipendium, für ein Jahr an die École Nationale Supérieure des Beaux-Arts nach Paris und praktizierte danach ein Jahr bei den Architekten Les Frères Arsène-Henry und Professor Louis Arretche in Paris.

Am 5. September 1958 begann meine Reise nach Amerika. Ich fuhr mit dem Zug von Stuttgart nach Königswinter. Alle für die USA ausgewählten DAAD-Stipendiaten – Maler, Schriftsteller, Architekten – trafen sich dort vor der Abreise zu einer Kennenlern-Veranstaltung.

Am nächsten Tag ging es per Bus von Königswinter nach Bonn und von dort mit dem D-Zug nach Hamburg und weiter nach Cuxhaven. Mit Bergen von Gepäck schifften wir uns auf der M. S. Italia zu ihrer vorletzten Fahrt ein, bevor sie ausgemustert wurde.

Das Schiff war für uns wie ein Schlaraffenland: Jeden Abend gab es eine handgeschriebene Speisekarte im Salon, und man wurde von Kellnern in Livree bedient. Da Ende der Sommerferien war und viele US-College-Girls mit zurückfuhren, machten wir spontane Bekanntschaften, die auch danach über längere Zeit hielten.

Die Überfahrt dauerte elf Tage Mein erster Eindruck von Amerika war die Ankunft in New York mit dem Blick auf die Skyline von Manhattan und die Freiheitsstatue.

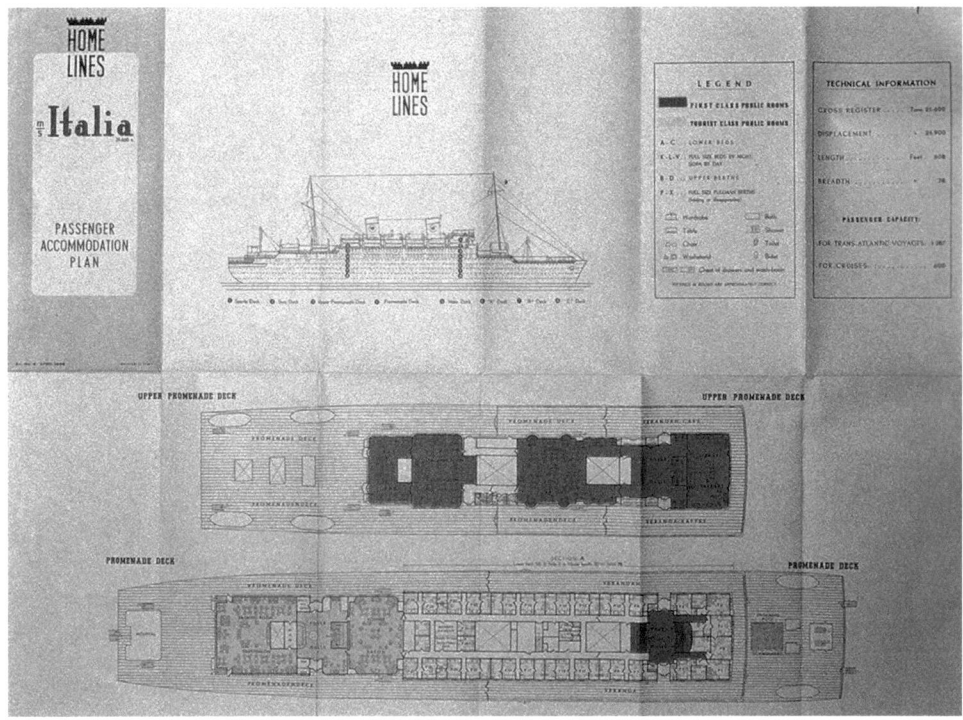

3

4

Das Schiff legte an der Westseite von Manhattan an, bei den Docks, wo früher die Einwanderer ankamen. Unser gesamtes Gepäck musste durch den Zoll, wir mussten Leibesvisitationen über uns ergehen lassen und wurden danach stundenlang in Quarantäne geschickt. Schließlich brachte uns ein Busfahrer zu unserer Unterkunft für die erste Nacht in der neuen Welt – ein Hotel an der Westseite des Central Park. Mein erster Eindruck: ein großes Zimmer mit Vertikal-Schiebefenstern und der Klang von Polizeisirenen, und all die Wolkenkratzer in solcher Dichte!
Der Busfahrer sprach amerikanisches Englisch, das für mich völlig ungewöhnlich war, obwohl Englisch die zweite Fremdsprache an meiner Schule gewesen war. Am Anfang fiel mir die Verständigung durchaus schwer, aber durch Zuhören und Sprechen konnte ich relativ schnell und leicht dazulernen.

Voller Erwartung kamen wir nach einer langen und aufregenden Zugreise in Cranbrook an. Wenn mir damals jemand gesagt hätte, dass ich zwei Jahre in den USA bleiben würde, hätte ich ihm nicht geglaubt. Wir kamen in eine exklusive Umgebung, die mich vom ersten Augenblick an gefangen nahm. Der Campus war ein Paradies, eine Welt für sich, weit weg von allem. An der Academy waren alle Kunstrichtungen vertreten – Malerei, Bildhauerei, Architektur und Design, bis hin zur Töpferei und Weberei. Voraussetzung für ein Postgraduiertenstudium war, dass man schon einen Hochschulabschluss vorweisen konnte. Für uns galt dies aber nicht, denn wir waren ja Stipendiaten.
Der finnischer Architekt Eliel Saarinen, Vater von Eero Saarinen, hatte den Campus gestaltet. Die Academy war einst von George Henry Booth gestiftet worden, dem Zeitungsmagnaten von Detroit. Er war es, der Saarinen aus Finnland holte, damit er dieses Projekt plane. Von dem Bildhauer Carl Milles stammen die schönen Skulpturen und der üppige Brunnen.

7

8

Die Schule war berühmt, sie gilt bis heute als „Wiege der amerikanischen Moderne". Charles Eames und seine Frau Ray waren eine Zeit lang dort Lehrer, ebenso wie der Designer George Nelson und später Daniel Liebeskind – alles renommierte Namen. Einzigartig an Cranbrook war die Internationalität. Ich lernte dort die verschiedensten Menschen aus den unterschiedlichsten Teilen der Welt kennen.
Henning und ich gehörten zur Architekturklasse, zusammen mit den amerikanischen Postgraduates.

9 Wir waren zehn oder zwölf Studierende, alle männlich. Es gab so gut wie keinen Unterricht, keine „Lehrer" oder „Professoren" wie an deutschen Hochschulen. Wir lernten voneinander, berieten und kritisierten uns gegenseitig, suchten und stellten uns selbst die unterschiedlichen Aufgaben. Ein „Instructor" diskutierte und bewertete sie am Ende.
Es gab aber auch Wettbewerbe, die von außerhalb angeboten und gesponsert wurden. Die großen Baugesellschaften holten sich auf diesem Weg Ideen.

10 Wir Studenten waren für sie eine Art „Thinktank". Sicherlich gab es Architekturschulen in Amerika, deren Master Degree noch gewichtiger war als dasjenige von Cranbrook, denn hier überwog eher die künstlerische Ausrichtung. Deshalb musste immer ein Wahlfach belegt werden. Ich entschied mich für Malerei. Aber auch hier gab es keine konkrete
11 Anleitung.
Sport war ebenfalls wichtig – es gab eine Football-Mannschaft, in der man mitspielen musste, auch wenn man die Regeln des Spiels nicht verstand. Wir wohnten auf dem Campus, jeder hatte sein eigenes Zimmer. Zum Essen traf man sich im großen Speisesaal – wie im Internat. Die „Dormitories" – die Zimmertrakte der weiblichen und männlichen Studenten – waren streng voneinander getrennt. Abends kam immer eine Mrs. Moore, der Hausdrache, zur Zimmerkontrolle – man musste die Tür angelehnt lassen.

1959 INDIANAPOLIS HOME SHOW

Henning und ich waren dagegen in einer privilegierten
Situation: Wir beide hatten die einzigen Zimmer,
die nicht in den Dormitories, sondern direkt neben
unserem Atelier lagen. In diesen Zimmern gab
es zum Glück geräumige „Closets" – begehbare
Wandschränke –, die als Versteck dienen mussten,
wenn „Gefahr im Verzug" war.

Im zweiten Term begann ich meine Masterthesis.
Als Aufgabe stellte ich mir eine Stadtplanungsstudie
für den Central District von Saginaw City in Northern
Michigan. In der Zeitung hatte ich gelesen, dass
dort die Downtown aufgewertet werden solle.
Saginaw war von General Motors dominiert, aber
weil die Autoindustrie in den USA damals schon
kriselte, war die Stadt ziemlich heruntergekommen.
Deshalb konnte man durchaus eine neue Perspektive
entwickeln.
Das Projekt bearbeitete ich zusammen mit den
Verantwortlichen vom Cityplanning-Department, die
von der Idee sehr angetan waren. Ich musste mir
Infos über die Stadt besorgen und an Besprechungen
teilnehmen. Das Ergebnis war eine abgeschlossene
schriftliche Arbeit über die Ziele des Projekts sowie
dessen Darstellung in Zeichnungen und Modell.
Am 29. Mai 1959 wurde mir feierlich der Titel eines
„Master of Architecture" verliehen. Damit war
mein Studium in Cranbrook beendet. Jetzt musste
ich mir überlegen, wie es weitergehen sollte. Mir
war klar, dass ich auf jeden Fall wieder zurück nach
Deutschland wollte, da mir das deutsche Diplom noch
fehlte. Doch inzwischen hatte ich mir vorgenommen,
ein weiteres Jahr in Amerika zu bleiben, um in einem
renommierten Architekturbüro zu arbeiten.
Zunächst zog ich in ein kleines Kellerzimmer nach
Birmingham bei Detroit und schickte rund zwanzig
Bewerbungsbriefe an bekannte Büros im ganzen
Land. In der Zwischenzeit wollte ich mehr von Amerika
kennenlernen und beschloss, zusammen mit einem

12/13

14

15

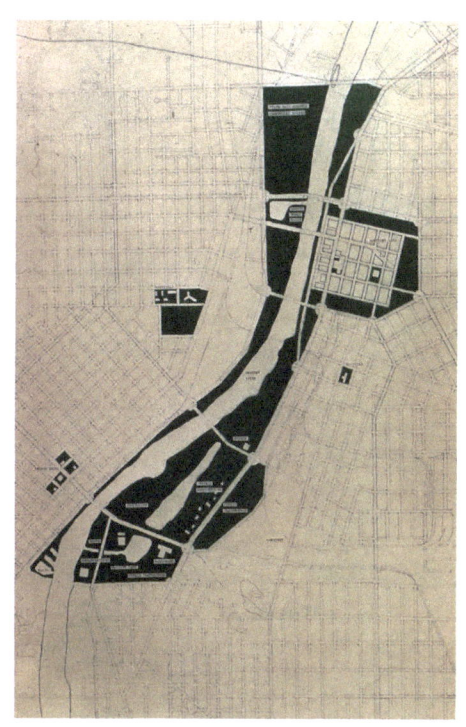
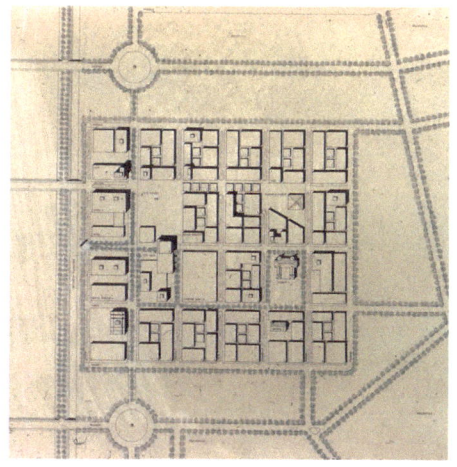

16

UPON THE RECOMMENDATION OF THE FACULTY
THE BOARD OF TRUSTEES OF THE

CRANBROOK ACADEMY OF ART

HEREBY CONFERS UPON

Fritz Auer

THE DEGREE OF

Master of Architecture

IN RECOGNITION OF SATISFACTORY ACCOMPLISHMENT
IN THE ARTS UNDER THE CONDITIONS REQUIRED

DATED AT BLOOMFIELD HILLS, MICHIGAN, MAY 29, 1959

CHAIRMAN, BOARD OF TRUSTEES   DIRECTOR   SECRETARY OF THE BOARD

ehemaligen Studienkollegen an die Westküste
zu fahren, um dort nach einer Arbeitsmöglichkeit
Ausschau zu halten. Als Vehikel würde uns ein Auto
dienen, das an die Westküste überführt werden
musste. Denn es war damals möglich, von Detroit
aus fabrikneue Autos an andere Orte zu bringen.
Dafür bekam man den Schlüssel eines Neuwagens
in die Hand gedrückt mit der Weisung, wann und
wo das Fahrzeug abzuliefern sei. Ansonsten musste
man nur für Benzin aufkommen – eine preisgünstige
Gelegenheit, mit dem Auto das Land zu „erfahren".
Wir übernahmen einen gelben Ford Pick-up und sollten
ihn in San Francisco abliefern. Über die Route 66 ging
es nach Kalifornien, und wir mussten uns ranhalten,
um den gesetzten Übergabetermin einzuhalten.
Trotzdem nahmen wir uns die Zeit, unterwegs Taliesin
West, das Winterquartier von Frank Lloyd Wright und
seinen „Schülern" in Scottsdale/Arizona, zu besuchen.

Unter den vielen Bewerbungen, die ich nach dem
Studium verschickt hatte, waren auch Briefe an die
Büros von Saarinen und Yamasaki. Eero Saarinen
hatte damals ein großes Büro in Birmingham, fast in
fußläufiger Entfernung von Yamasakis Büro. Schon
während meines Studiums in Cranbrook bekam
ich durch Veranstaltungen und Partys erste lockere
Kontakte zu Mitarbeitern beider Büros.
Yamasaki, genannt „Yama", wurde später vor allem
als Architekt des World Trade Center in New York
bekannt. Als „Nisei" – ein in den USA 1912 geborener
Staatsbürger mit japanischen Eltern – durfte er
damals nicht in einer Gegend wohnen, in der weiße
Amerikaner lebten. Die Rassentrennung war zu der
Zeit in Amerika sehr streng und galt nicht nur für
Schwarze. Es gab Gegenden, in denen ausschließlich
Angehörige der „kaukasischen", der „europäischen"
Rasse wohnen durften.

Am liebsten wollte ich nach Studienende zu Saarinen, weil er den bekannteren Namen und bedeutendere Projekte hatte. Damals war in seinem Büro das Terminal für die heute nicht mehr existierende Fluggesellschaft TWA am Flughafen John F. Kennedy in New York in Arbeit. Als ich mich bei Saarinen vorstellte, baute man gerade ein Modell davon. Es war fast raumhoch und aus Pappe. Mit seinen organischen Formen ähnelte der Entwurf einem landenden Vogel und sollte das Fliegen symbolisieren.

An der Westküste stellte ich mich in mindestens fünf oder sechs Büros in Los Angeles und in San Francisco vor und wartete gleichzeitig auf eine Nachricht aus Birmingham. Denn auch Gunnar Birkerts, der Chief-Designer bei Yamasaki, hatte versprochen, sich zu melden, wenn sich etwas ergäbe. Und oh Wunder: Als ich gerade in San Francisco angekommen war, erreichte mich ein Telegramm von ihm – wie das ging, weiß ich nicht, denn ich hatte keine feste Adresse in San Francisco angegeben. Ich könne sofort bei Yamasaki anfangen, solle mich aber beeilen.

Sofort telegrafierte ich zurück an Yamas Büro, dass ich auf dem schnellsten Weg nach Birmingham zurückkommen würde – immerhin 2400 Meilen. Fliegen kam nicht infrage, es war zu teuer. Greyhound-Bus oder Bahn hätten länger gebraucht. Das Schnellste wäre, wieder ein Auto zu überführen. Beim Studium des Lokalteils der Zeitungen stieß ich auf die Annonce eines Arztes aus San Francisco, der auf einem Kongress in Cincinnati weilte und dort seinen Wagen benötigte. Sofort rief ich an und sicherte mir den Job.

Es handelte sich um einen Ford Custom Royal, einen Riesenschlitten. Ich holte das Gefährt noch am selben Nachmittag ab, fuhr mehr als sechsundzwanzig Stunden an einem Stück durch und hielt nur an, um zu tanken oder am Straßenrand kurz ein Nickerchen zu machen.

Pünktlich am nächsten Morgen kam ich in Cincinnati an und meldete mich schon mittags bei Yamasaki im Design Department, zwei Monate nachdem ich das Master Degree erlangt hatte. Ich konnte es selbst kaum fassen.

Bei Yama gab es mehrere Departments: Design (circa zwölf Mitarbeiter), Working Drawing (circa fünfzehn Mitarbeiter), Tendering (circa fünf Mitarbeiter) und Design Control (drei Mitarbeiter) – zusammen mit der Büroleitung und der notwendigen Infrastruktur etwa achtzig weibliche und männliche Beschäftigte.

Ich hatte einen festen Vertrag über ein Jahr mit einem auskömmlichen Gehalt. Da ich nur wenig zum Leben brauchte, konnte ich monatlich so viel zurücklegen, dass ich mir später den Traum einer Rückreise mit dem Flugzeug über Asien nach Europa leisten und erfüllen konnte.

In Yamas Büro gewann ich viele Freunde, mit denen ich große Partys erlebte, auch bei Yama zu Hause am und im Swimmingpool.

Und ich hatte wieder eine eigene sturmfreie Bude, diesmal ein Apartment über einem Feinkostladen in Birmingham, an der Woodward Avenue. Gegenüber, auf der anderen Seite des Flurs, wohnte Saarinens irischer Design Chief Kevin Roche, ein wilder Typ und harter Trinker.

Mein Apartment hatte kein Fenster nach außen. Es gab eine Küche, einen Wohnraum mit Oberlicht, einen Arbeitsraum und ein Bad. Hier konnte ich tun und lassen, was ich wollte.

Mit zwei Freunden verbrachte ich auch meine erste und glücklicherweise einzige Nacht in einem amerikanischen Gefängnis, nach einer Polizeirazzia. Wir hatten einen Club in Detroit besucht, in dem fast nur Schwarze verkehrten, und wo an dem fraglichen Abend der Jazzpianist Thelonius Monk auftrat. Plötzlich stürmten Polizisten den Raum, nahmen alle Anwesenden fest und brachten uns wegen „loitering", also Herumlungerns, ins Gefängnis. Dort

22/23

24

saßen wir nun zusammen mit Homos, Dealern und Kleinkriminellen und warteten ab, was passieren würde. Zum Glück holte uns ein Anwalt am nächsten Morgen heraus.

Bei Yamasaki arbeitete ich unter anderem an der Fassade der Michigan Gas Company, einem zwanzigstöckigen Hochhaus in Downtown Detroit. Wichtig war auch das Projekt für den US-Pavillon auf der Weltausstellung in Seattle 1962. Dafür hatte Yama ein Design mit großen „gotischen" Bögen aus Betonfertigteilen entwickelt ein Material, dessen Oberfläche zusätzlich mit gemahlenem Marmor veredelt wurde. Um die Fassade im Modell darzustellen, legte ich Streifen aus Polystyrol in Modellformen ein und verschweißte die Nähte mit Chloroform. Dabei lernte ich das Vakuum-Tiefziehen mit Polystyrol für die Brunnenmodelle im Außenbereich. Das kam uns später, 1967, bei unserem Olympiawettbewerb für die kleinen Vormodelle des „Zeltdachs" zugute.
Yama war ein Anhänger von Mies van der Rohe, in dessen Büro er eine Zeit lang gearbeitet hatte. Für ihn musste die bauliche Struktur eines Gebäudes exakt und geometrisch sein, gleichzeitig war sein Credo aber auch immer: „It's got to be serene" – der Entwurf musste heiter und gelöst wirken.
Eines Tages erklärte er, er müsse nach New York, um sich als Architekt für das Projekt eines „World Trade Center", eines großen Hochhauskomplexes an der Südspitze von Manhattan, zu bewerben. Es gab dafür keinen Wettbewerb, nur eine persönliche Vorstellung verschiedener Architekten. Überraschend bekam er den Auftrag für die beiden Türme, die die New Yorker Skyline so stark prägten und das Hauptwerk Yamasakis bildeten, bis sie durch den Terrorangriff vom 11. September 2001 zerstört wurden.

25

26/27

6   1960 – um die Welt in 113 Tagen

Zwei Jahre hatte ich in den USA verbracht, viel Neues gesehen und erlebt, einen neuen Lebensstil angenommen und neue Freunde gewonnen. Und doch war für mich immer klar, dass ich nach Deutschland zurückkehren würde. Aber einfach wieder in New York das Schiff zu besteigen konnte ich mir beim besten Willen nicht vorstellen. Bevor ich das Studium in Stuttgart mit dem Diplom abschließen und eine Stelle in einem Architekturbüro annehmen würde, wollte ich noch mehr von der Welt sehen. Eine Weltreise – das war mein Traum!
Doch eine solche Reise würde eine ganze Menge Geld kosten, selbst wenn ich noch so sparsam wäre. Bei Yama arbeitete ich deshalb auch in Überstunden und legte so viel zur Seite, dass das Finanzpolster auf meinem Konto allmählich wuchs.
Für die Tour hatte ich ungefähr dreieinhalb Monate vorgesehen und einen exakten Reiseplan ausgearbeitet. Über Air France besorgte ich mir ein „Round the World Ticket" für die großen Distanzen, mit dem ich auch Querverbindungen fliegen konnte. Innerhalb der jeweiligen Länder würde ich dann mit dem Zug fahren.
Ich wusste, wohin ich in Japan oder Indien wollte, und legte die Anzahl der Tage für die einzelnen Stationen in Japan fest. Sogar in Indien hatte ich auf den Tag genau geplant, wie die Züge fuhren und wann ich wo sein würde.
Es war erstaunlich, wie gut dieser Plan – wohlweislich ohne Internet – später funktionierte, selbst in Indien. Die genaue Route plante ich anhand eines illustrierten Reisejournals von Air France, in dem die Sehenswürdigkeiten aller Länder, welche die Gesellschaft anflog, mit eindrucksvollen Farbfotos vorgestellt wurden. Ich würde nur mit dem Nötigsten

reisen, mein schweres Gepäck wollte ich auf dem Seeweg nach Deutschland schicken.
Bei Yama hatte ich zwei japanische Mitarbeiter kennengelernt, die dort im Design Department arbeiteten. Einer von ihnen feierte ebenfalls seine Abschiedsparty, weil er wieder zurück nach Japan musste. Dabei sprachen wir über unsere jeweiligen Reisepläne. Auch er wollte um die Welt fliegen, über Amerika, Europa und Asien zurück nach Japan, also genau in der Gegenrichtung. Aus Jux meinten wir, dass wir uns dann wohl bei der Hagia Sofia in Istanbul treffen müssten. Davon aber später.

Der Flug nach Tokio war der erste Flug meines Lebens, er ging am 12. Juli 1960 mit Japan Airlines ab San Francisco. Aber dort musste ich erst einmal
1 hinkommen. Hier kommt mein Freund Walt Altmann ins Spiel, den ich bei Yama kennengelernt hatte. Er hatte, bevor er dort anfing, eine Zeit lang bei Frank Lloyd Wright gearbeitet. Gemeinsam schauten wir an den Wochenenden öfters Häuser von Wright an und waren dafür bis nach Chicago oder Wisconsin gefahren. Hier standen etliche seiner „Usonian Houses" – der amerikanische Traum schlechthin: großes Grundstück, kaum Nachbarn, alles eingeschossig, alles in Holz gebaut, alles ausgesprochen wohnlich.
2 Zu dieser Zeit liefen die „Primaries", die Vorwahlen, bei denen John F. Kennedy zum Präsidentschaftskandidaten der demokratischen Partei bestimmt werden sollte. Im Anschluss daran würde in San Francisco die „Nomination" stattfinden. Hierfür orderten die Veranstalter eine Flotte nagelneuer Ford Thunderbirds, die von Detroit nach San Francisco zu liefern waren.
Walt und ich meldeten uns für eine Überführung und bekamen ein weißes Modell, ausgestattet mit allen Extras, das zu einem bestimmten Zeitpunkt unversehrt beim Händler in San Francisco abzuliefern

war. Insgesamt hatten wir dafür drei oder vier
Tage Zeit. Von Detroit bis San Francisco sind es auf
der kürzesten Route ungefähr 2400 Meilen – also
mussten wir uns dranhalten!
Aber Walt meinte, wenn wir schon ein so schönes und
schnelles Auto hätten, könnten wir uns doch noch ein
bisschen mehr von der Gegend anschauen.
Also fuhren wir wieder die legendäre Route 66 [4]
zwischen Chicago und Santa Monica, teilweise auch
nachts, und übernachteten in Motels. Zwischendurch
beschlossen wir spontan, einen Abstecher zu den
Navajos nach Mesa Verde und zum Grand Canyon
zu machen. Das waren fast 300 Meilen zusätzlich. [3]
Zu alledem blieben wir in Mesa Verde mit dem
nagelneuen Auto im Schlamm stecken. [4]
Knapp vor meinem Abflugtermin kamen wir in
San Francisco an, und Walt musste allein das Auto
abgeben. Später erfuhr ich von ihm, dass der Händler
es fast nicht mehr annehmen wollte, weil es so
verdreckt war. Ich war meinem Freund keine Hilfe
bei der Rückgabe des Autos, denn ich musste mich
beeilen, um den Abflug nicht zu verpassen.

Mein schweres Gepäck, das ich vorher nach Zuhause
aufgegeben hatte, war eine Seekiste, die von
meinem Vater stammte, außerdem ein schwarzer
Blechkoffer, den ich bei einem Trödler erstanden hatte.
Darin befanden sich meine ganzen Habseligkeiten.
Mein Handgepäck bestand aus einer schwarzen
Ledertasche, ähnlich einem Eisenbahnerkoffer, die ich
mir noch in Deutschland hatte machen lassen, und
einer kleinen Plastiktasche von Japan Airlines.
Die Flugzeuge damals waren Turboprops. Sie flogen [5]
relativ niedrig und vergleichsweise langsam durch
die Wolkentürme hindurch. Zwischendurch landeten
wir auf Guam, einer kleinen Insel im Westpazifik
mit einem amerikanischen Militärstützpunkt. Dort
mussten wir im Transitbereich auf unseren Weiterflug
warten. Aus Langeweile kaufte ich für zehn Dollar an [6]

3

4

einem Automaten eine Reise-Krankenversicherung der „Mutual of Omaha", einer großen amerikanischen Versicherungsgesellschaft – eine Investition, die sich später noch lohnen sollte.

Am 14. Juli 1960 landete ich in Tokio. Natürlich kannte ich New York, aber Tokio war noch beeindruckender. Was mich vor allem faszinierte, war die „Unterwelt" der U-Bahn. Sie glich unterirdischen Städten mit Läden und Gastronomie -regelrechten Fressstraßen. Die Leuchtreklamen waren fast noch allgegenwärtiger als in New York. Alles boomte, denn Japan war damals ausgesprochen wohlhabend.

Natürlich wollte ich mir vor allem Architektur anschauen. „Architecture d'aujourd'hui", die führende französische Architekturzeitschrift, hatte ein Sonderheft über Japan herausgebracht, das mir bereits im Studium Eindruck gemacht hatte. Es faszinierte mich, dass die Japaner beim Bauen damals schon vieles im Rohzustand beließen. So blieben der Sichtbeton oder das Holz naturbelassen, nichts wurde nachträglich „verschönert".

In Tokio übernachtete ich im „Imperial Hotel", von Frank Lloyd Wright entworfen. Als eines der wenigen Gebäude hatte es das große Erdbeben von 1923 überstanden – das verheerendste Beben der japanischen Geschichte. Sechzig Prozent der Gebäude in Tokio wurden damals zerstört, insgesamt starben rund 140.000 Menschen.

Das Imperial Hotel war ein feinziseliertes Gebäude aus Naturstein, einer Art Tuff, im Kern vermutlich betoniert und „schwimmend" gegründet. Leider existiert das Gebäude in seiner ursprünglichen Form heute nicht mehr.

Le Corbusier, Mies van der Rohe und Frank Lloyd Wright waren damals unsere Heroen. Letzterer fasziniert mich mit seiner naturbezogenen Architektur bis heute. Er hatte Japan bereist, die klassischen Kaiserpaläste und Tempel besucht und beim Verlag

Wasmuth in Tübingen einen großen Bildband über
seine Bauten veröffentlichen lassen. Frank Lloyd
Wright schätzte die japanische Architektur überaus,
sodass ich schon eine Affinität dazu hatte, bevor ich
sie in Japan „live" kennenlernen konnte.
Es war sehr schwül zu dieser Jahreszeit. Wenn
ich mich abkühlen und erholen wollte, ging ich in
eines der vielen Cafés, die klimatisiert und stark
heruntergekühlt waren. Dort hörten die Japaner
voller Ehrfurcht meist europäische klassische Musik.
Irgendwann musste ich dann wieder in die feuchte
Julihitze und zog weiter durch die Stadt.
Für mich war in Japan alles neu – die Sprache, die
Sitten, und natürlich das Essen: Das erste Mal in
meinem Leben aß ich Sushi, Tempura und Miso-
Suppe. Man saß an niedrigen Tischen auf Matten am
Boden und musste als hochgewachsener Europäer
zusehen, wie man seine Beine platzierte. Auch die
Verständigung war eine echte Herausforderung.
Ich konnte kein Wort Japanisch, und die wenigsten
Japaner konnten Englisch. Mir blieben nur Gesten und
Mimik, um mich verständlich zu machen.

Nach Tokio war die nächste große Station Kyoto mit
den wunderbaren Tempelanlagen – imposante und
bescheidene. Eine zum Beispiel, Kokedera, liegt
inmitten eines Gartens, der aus allen Arten von
Moosen besteht. Überall gibt es Wasserläufe, und
in diesen Wasserläufen sind Röhrchen aus Bambus
platziert, die sich mit Wasser füllen, dann umkippen
und dabei ein leises „Klack" von sich geben –
Gartenkunst pur, der Tempel fast Nebensache.
Der Höhepunkt in Kyoto war für mich aber der
kaiserliche Katsura-Palast, materiell sehr reduziert,
doch von hoher Ästhetik. Er war auch Vorbild für die
Wohnbauten der einfachen Bevölkerung.
In Kyoto wohnte ich in einem Ryokan, einem
japanischen Gasthaus.

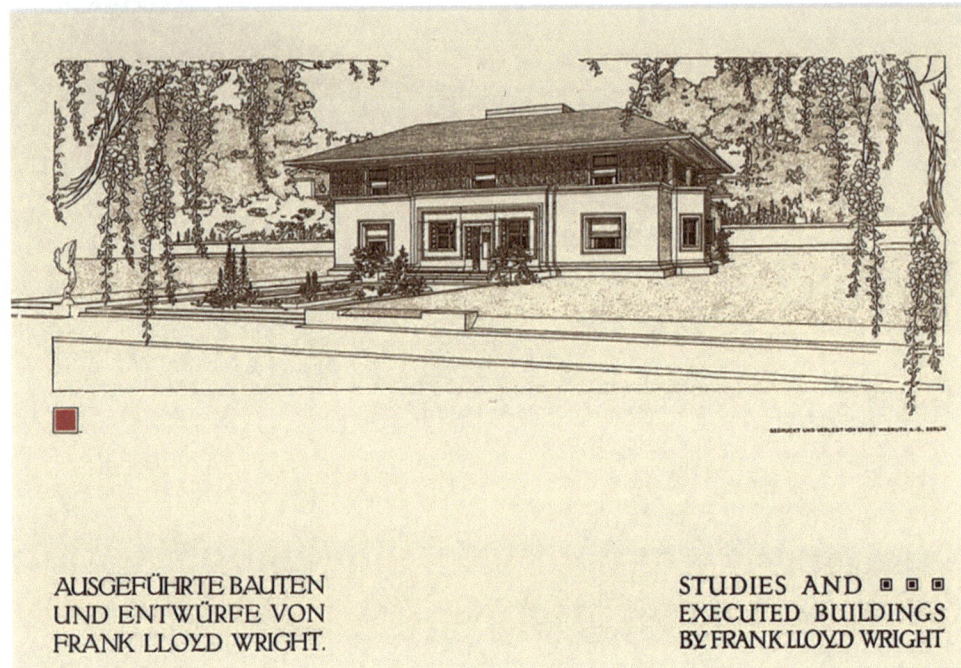

AUSGEFÜHRTE BAUTEN
UND ENTWÜRFE VON
FRANK LLOYD WRIGHT.

STUDIES AND ■ ■ ■
EXECUTED BUILDINGS
BY FRANK LLOYD WRIGHT

Man bekam einen schlichten Raum zugewiesen und schlief im Kimono auf den traditionellen Tatami-Reismatten.
Schon während meiner Studienzeit in Stuttgart hatte ich mir zwei Bücher über japanische Architektur gekauft: „Das japanische Wohnhaus" 15 und „Der

13 japanische Garten". Beide hatte ich intensiv studiert, deshalb war es für mich hochinteressant, jetzt solche Beispiele in natura zu sehen. Beim klassischen japanischen Wohnhaus gibt es keine festen Wände,

14 sondern „Shoji", mit Reispapier bespannte Wände mit feinen Teilungen aus Holz. Die Grundrisse der Häuser sind nach den Tatami-Maßen 180 mal 90 Zentimeter ausgelegt, auf die sich die gesamte Maßordnung aufbaut.
Das Erdgeschoss des Ryokan lag knapp einen Meter über dem Gelände, wie das bei traditionellen japanischen Wohnhäusern üblich ist, damit die Luft am Boden zirkulieren kann. Man ließ die Schuhe außen stehen und stieg ein paar Stufen hoch.

15 Als ich nach langer Zugreise in Kyoto ankam, wollte ich mich zuerst waschen. Die Wirtin des Ryokan zeigte mir das Bad. Es war komplett aus Holz, in der Mitte stand ein erhöhtes Podest, in das ein runder Zuber eingelassen war. Unter dem Zuber brannte ein Feuer und erhitzte das Badewasser.
Genüsslich ließ ich mich in das heiße Wasser gleiten, nahm Seife und schrubbte mich gründlich ab, wie man das eben nach einer langen Reise macht. Irgendwann schaute die Wirtin herein und war entsetzt! Ich hatte mich offensichtlich vollkommen daneben benommen. Mit Händen und Füßen erklärte sie mir, dass man sich in Japan zuerst mit Wasser aus kleinen Kübeln reinigt und erst dann in das saubere heiße Wasser steigt, weil es von mehreren Menschen nacheinander benutzt wird.
Baden und die dazugehörigen Rituale sind in Japan sehr wichtig. Überall gibt es heiße Quellen (Onsen), die die öffentlichen Badeanstalten versorgen.

13

14

15

Dort baden Männer und Frauen gleichzeitig.
Jeder muss sich aber vorher dem beschriebenen
Reinigungsritual unterwerfen, was für mich von nun
an selbstverständlich war.
Jeden Morgen zog ich los und schaute mir Tempel
an. Dass ich als Ausländer allein reiste, konnten die
Japaner überhaupt nicht begreifen, denn sie selbst
waren meist in größeren Reisegruppen unterwegs
und alle ähnlich angezogen und „behütet".
Häufig stöberte ich in den Läden in der Altstadt von
Kyoto und kaufte kleine Souvenirs, die ich gut verpackt
nach Deutschland schicken ließ.
Als ich nach einigen Tagen aus Bequemlichkeit das
Rasieren aufgab und mir ein dunkler Vollbart wuchs,
muss ich auf Kinder eher furchteinflößend gewirkt
haben, jedenfalls rannten sie häufig davon, wenn sie
mich sahen.

Von Kyoto ging es weiter nach Nara bei Osaka. Dort
steht ebenfalls ein großer Tempel mit einem fünfzehn
Meter hohen, sitzenden Buddha aus Bronze, angeblich
die größte Buddha-Figur der Welt. Und natürlich war
ich mit einer Reisegruppe auch am Fujiyama, dem
heiligen Berg der Japaner.
Eine der nachhaltigsten Erfahrungen war für mich
der Itsukushima-Schrein auf der Insel Miyajima. Die
Tempelanlage „schwebt" auf Holzplattformen direkt
über der Wasserfläche, die von einem großen roten
Torii – ein symbolisches Eingangstor aus Holz –
markiert wird. Diese Anlage wurde später Vorbild für
unseren Entwurf des Landratsamts in Starnberg.
Ein weiteres beeindruckendes Erlebnis war
der Besuch des Ise-Schreins, das japanische
Nationalheiligtum auf der Halbinsel Ise. Der Schrein
wird alle zwanzig Jahre abgebrochen und an anderer
Stelle mit neuem, aber demselben Material wieder
erbaut – eine äußerst puristische Architektur in
ihrer Anlage von sich gleichenden Gebäuden mit

21

20

überkreuzten Firstbalken, alles aus hellem Holz, ohne Schrauben oder Nägel zusammengehalten.
Es waren aber nicht nur diese Beispiele japanischer Geschichte, denen ich begegnete. Auf dem Weg nach Miyajima kam ich nach Hiroshima, der Stadt, die am 9. August 1945, kurz vor dem Ende des Zweiten Weltkriegs, durch den ersten Einsatz einer Atombombe zu einem Großteil zerstört worden war. Jetzt, fünfzehn Jahre später, war außer einem Museum und ein paar Trümmern, die man als Mahnmal hatte stehen lassen, nichts mehr davon zu sehen. Und nichts erinnerte daran, dass hier Hunderttausende von Menschen umgekommen waren.

Von Japan flog ich Anfang August weiter nach Hongkong, damals noch britische Kronkolonie. Ich wohnte in einem Hotel, dem billigsten, das ich finden konnte, und zog von morgens bis abends durch die Gassen. Wenn man in der Dämmerung durch die Viertel ging, hörte man überall ein leises Klappern, das von den Steinen des Mah-Jong-Spiels herrührte. Es war drückend heiß, sodass die Menschen in den weniger noblen Vierteln teilweise auf der Straße schliefen. Die Frauen trugen traditionelle Gewänder aus einem schwarzen, batistähnlichen Gewebe, in dem sie hochgewachsen und stolz wirkten.
Von der Stadt selbst habe ich wenig gesehen, denn ich geriet in einen wahren Kaufrausch. Tagelang schaute ich mir Läden an und kaufte alles Mögliche – zum Beispiel alte chinesische Münzen und stapelweise Schallplatten, die im Vergleich zu Deutschland extrem günstig waren. Ich ließ mir auch zwei Anzüge anfertigen, dazu kam der Schneider ins Hotel, nahm Maß, und zwölf Stunden später konnte man die Anzüge abholen – handmade und erschwinglich! Meine Einkäufe schickte ich wie immer gut verpackt nach Hause in der Hoffnung, dass sie dort ankamen.

Natürlich reichte mein Geld vorn und hinten nicht, und schon von Japan aus hatte ich meine Mutter bitten müssen, mir 500 DM an die Niederlassung von American Express zu schicken, damit ich über die Runden kam. Überhaupt waren die American-Express-Reiseschecks für mich während der Reise enorm wichtig. Über die Büros von American Express lief die gesamte Kommunikation mit zuhause, und sie machten mich von den lokalen Währungen unabhängig.

Da es diese Büros in jeder größeren Stadt gab, war fast immer mein erster Weg zur jeweiligen Niederlassung, um meine Post abzuholen. Luftpostbriefe waren die günstigste Art zu kommunizieren. Telefonieren ging fast nirgends, und wenn, dann war es nicht zu bezahlen. Auch telegrafieren war extrem teuer – ein Telegramm nach Deutschland kostete umgerechnet 24 DM.

Von Hongkong ging es per Flugzeug weiter nach Bangkok. Dort blieb ich nur einen Tag, denn mein eigentliches Ziel war Angkor Vat in Kambodscha. Ich erinnere mich vor allem an die Floating Markets, an den Königspalast und die Tempel rund um den Palast in Bangkok.

Angkor Vat liegt zwar nur etwa vierhundert Kilometer von Bangkok entfernt. Aber die Reise dorthin war damals äußerst umständlich und dauerte zwei Tage, denn die Tempel liegen mitten im Dschungel. Ich fuhr zuerst mit dem Zug bis zur Grenze zwischen Thailand und Kambodscha. Die Grenze musste ich zu Fuß überqueren und auf der anderen Seite in einen Überlandbus umsteigen, der mich nach Siem Reap brachte, eine kleine Provinzstadt, von der aus man mit Bus oder Taxi Angkor Vat erreichen konnte.

Die Tempelanlage ist heute eine der berühmtesten Touristenattraktionen in Asien und UNESCO-Weltkulturerbe. Damals waren noch kaum Europäer dort, entsprechend erregte mein Auftauchen überall

24/25

26

Aufsehen. Bei jedem Bushalt in den Dörfern, wo ich ausstieg, rannten die Kinder in Scharen zusammen und starrten mich wegen meines Vollbarts an wie einen Außerirdischen.

Allein hätte ich mich vermutlich heillos in dem weitläufigen, überwucherten Tempelgelände verlaufen. Deshalb engagierte ich einen Führer, der mir sowohl die Tempelanlage von Angkor Vat als auch Ankor Thom, die Ruinenstadt in der Nachbarschaft, zeigte. Sie war verfallen, es gab ebenso viele Bäume wie Ruinen. Ich erinnere mich an heftige tropische Regengüsse, bei denen ich knöcheltief im Wasser waten musste. Irgendwie fühlte ich mich gesundheitlich nicht auf der Höhe, gerade mal einen Monat seit dem Beginn meiner Reise. Es hatte schon in Japan angefangen. Mir war immer ein bisschen übel, und ich fühlte mich häufig schlapp und kraftlos. Anfangs schob ich es auf das ungewohnte Essen und das anstrengende Klima. In Kambodscha gab es zum Beispiel fast nur Reis mit einer Currysauce, die so brennend scharf war, dass sie mir die Tränen in die Augen trieb. In Thailand und vor allen in Burma trank ich den landestypischen schwarzen Tee mit Yakmilch und viel Zucker, oft aber auch nur Wasser, das ich gerade finden konnte, sogar auf Baustellen.

Von Kambodscha reiste ich mit dem Zug zurück nach Bangkok und von dort weiter nach Rangoon in Burma, dem heutigen Myanmar, um die goldene Shwedagon-Pagode mit dem berühmten Stupa zu sehen. Von Rangoon flog ich nach Kalkutta, um, wie in den anderen asiatischen Ländern, vor allem die Tempelanlagen zu besuchen.

Laut meinem Reiseplan wollte ich vom 22. August bis zum 14. September den Subkontinent kreuz und quer bereisen. Die Indien-Etappe hatte ich in zwei Teilen geplant: Der erste Teil führte von Kalkutta nach Madras und von dort in den Süden bis nach Bombay.

27/28

29/30

31/32

Der zweite Teil ging über Delhi Richtung Norden nach Chandigarh, zurück nach Delhi und weiter nach Benares, wieder zurück nach Bombay und von dort nach Teheran. Doch es kam anders.

33 Kalkutta war der Horror, ein echter Zivilisationsschock wegen des unglaublichen Elends, in dem die Menschen dort damals lebten. Ich sah Sterbende und Tote auf den Straßen, und überall die halb nackten, nur mit einem Lendenschurz bekleideten heiligen Sadhus mit aschgrauer Haut und Haaren.

Sehr schlecht bekam mir das Essen, das ich überhaupt nicht gewohnt war, denn in Amerika war alles klinisch rein gewesen. In Indien verzehrte ich dagegen, was ich bekommen konnte – ungewaschene Früchte, Wasser aus dem Hahn oder aus dem Schlauch … Anfangs dachte ich an eine Magenverstimmung, weil ich etwas Falsches gegessen hatte. Als Gegenmittel kaufte ich eine Flasche Rum, in der Hoffnung, dass dies helfen würde. Manchmal ging es mir tatsächlich besser, aber nach ein paar Tagen umso schlechter. Und ich wunderte mich, weshalb der Rum meinen Urin so dunkel färbte …

Mein wichtigstes Fortbewegungsmittel im Land war der Zug, manchmal nahm ich aber auch Eselskarren oder Rikschas. Die Zugfahrten waren gewöhnungsbedürftig. Damit ich finanziell über die Runden kam, musste ich immer die billigste Klasse nehmen. Man konnte keinen Platz reservieren, die Menschen stürmten deshalb den Zug, sobald er in den Bahnhof einfuhr.

In den Waggons gab es nur harte Holzpritschen. Deshalb machte ich es wie die Inder und kaufte mir eine anderthalb Meter lange Matte, mit der ich mir einen Schlafplatz sicherte. Die Loks wurden mit Kohle betrieben, und die Fenster der Waggons waren nur vergittert, sodass der Kohlenstaub und der schwarze Qualm ungehindert ins Innere drangen. Nach jeder Zugfahrt sah ich deshalb aus wie ein Schornsteinfeger.

33

34

Von Kalkutta aus flog ich nach Madras. Dann ging es mit dem Zug weiter nach Madurai, dem südlichsten Wendepunkt meiner Reise, um die dortige beeindruckend große Anlage des Minakshi-Tempels zu besichtigen. Anschließend reiste ich durch Zentralindien bis zu den Nilgiri-Bergen. Dort existierte ein indigener Volksstamm, die Toda, zu denen mich ein einheimischer Führer brachte. Diese Menschen lebten mitten im Urwald, in Hütten aus Bambus und Palmblättern. Aus Angst vor Tigern hatte jede Hütte nur ein kleines Einstiegsloch, durch das man ins dunkle Innere kroch.

Am 10. September kam ich in Delhi an, von wo ich zur zweiten Hälfte meiner Indien-Etappe aufbrechen wollte. Ich fühlte mich aber schon hundeelend und lag abends im Bahnhof von Delhi in einem Wartesaal, um auf den Zug nach Chandigarh zu warten. Ich hatte Durchfall und konnte nichts ertragen, was nach Essen roch. Das Einzige, was ich bei mir behalten konnte, war Traubenzucker.
Letztlich voll erwischt hat mich die Krankheit dann in Kahjuraho, die Tempelanlage mit den berühmten erotischen Kamasutra-Darstellungen, rund vierhundert Kilometer südlich von Agra. Mir war so schlecht und ich war so schwach, dass ich mich am liebsten hingelegt hätte und eingeschlafen wäre … Ich erinnere mich noch an eine Wiesenfläche, die zum Teil unter Wasser stand. In den Pfützen grasten Wasserbüffel. Völlig apathisch legte ich mich in eine der Pfützen zu den riesigen schwarzen Tieren und fühlte mein Ende nahen.
Plötzlich tauchte ein junger Inder auf, der an den Tempeln arbeitete. Er sah mich dort liegen, schaute mich genauer an und sprach mich auf Englisch an: „Sir, you are ill, I suppose you've got hepatitis!" Er erklärte mir, dass ich sofort ins Krankenhaus nach Bhopal müsse. Er würde seine Angehörigen benachrichtigen, die dort lebten. Bhopal liegt aber dreihundertsiebzig

35/36

37/38

39/40

Kilometer südwestlich von Khajuraho, und von dort nach Bhopal ging es nur per Bus.
Die Fahrt schien mir endlos, mir war sterbenselend. Aber als ich schließlich in Bhopal ankam, holte mich wie versprochen die Familie des Inders an der Busstation ab!
Es waren äußerst freundliche, hilfsbereite Menschen, die in einem der ärmeren Viertel lebten. Ich musste bei ihnen übernachten, bevor sie mich am nächsten Tag ins Krankenhaus brachten. Dort besuchten sie mich jeden Abend und beteten für mich, denn sie waren gläubige Christen aus Kerala.
Das Krankenhaus wurde von indischen Ärzten und Ärztinnen geführt, die alle in England ausgebildet worden waren. Es gab Krankensäle mit Eisenbetten wie in einer Kaserne, in jedem Saal lagen dreißig oder vierzig Patienten, Frauen und Männer nicht getrennt. Sie hatten die unterschiedlichsten Krankheiten, immer wieder starb jemand, auch unmittelbar neben mir, viele haben nachts geschrien. Die Angehörigen saßen Tag und Nacht bei ihren Kranken und kochten für sie in den Fluren auf offenen Feuerstellen, um das ärmliche Krankenhausessen zu ergänzen.
Ich bekam zunächst nur Reis aus einem handgeschmiedeten Messingnapf zu essen, dazu musste ich eine rosafarbene Flüssigkeit trinken, die ich erstaunlicherweise vertragen konnte. Den Napf habe ich als Andenken nach Deutschland mitgenommen und besitze ihn noch heute.
Nach und nach schwitzte mein Körper das Gift, das sich dort wegen der entzündeten Leber angesammelt hatte, durch alle Poren heraus. Da die Hepatitis schon weit fortgeschritten war, sollte ich mindestens sechs Wochen das Bett hüten.
Für meine Eltern, meine Schwester und meinen Bruder zu Hause war es wahrscheinlich nicht einfach, von meinem Zustand zu erfahren, denn die Post von und nach Bhopal war unzuverlässig. Manchmal trafen Briefe erst nach sieben oder acht Tagen ein oder

25.9.'65

Meine Lieben

Ich hoffe, der letzte Brief hat Euch nicht zu sehr bestürzt noch die 4 tägige Schwangerschaft meinerseits danach. Heute kann ich Euch mitteilen, daß ich über das schlimmste weg bin. Hatte Fieber und war völlig geschwächt (habe in den 2 Monaten der Reise 13 Pfund abgenommen), unsere 3 Pfund Trauben bücher zumir nehmen und ausschließlich Orangensaft trinken. Bekam täglich 3 bis 4 Injektionen (meistens Lebertran) und X Arznien. Mein Appetit ist bis jetzt noch nicht zurückgekehrt, habe heute versucht, ein Stück Brot zu essen.

Ich muß wahrscheinlich noch etwa 5–9 Tage hier liegen, um ganz zu gesunden. Die Krankheit ist ziemlich langwierig. Der Name übrigens (weiß nicht auf Deutsch): INFECTIONE HEPATITIS. Es hat irgend etwas mit der Leber zu tun und rührt von entweder Klima, Essen oder Trinken.

Übrigens bekomme ich $10 pro Tag Krankenhaus, sodaß ich sogar noch Kapital dabei mache.

gingen ganz verloren. Telefonieren war unmöglich, telegrafieren ebenfalls. So war man auf die Luftpost angewiesen, um sich mitzuteilen.
Allmählich ging es mir besser, und je besser ich mich fühlte, desto langweiliger wurde mir. Als ich den Ärzten erklärte, dass ich wieder zurück nach Deutschland wolle, erlaubten sie es mir, jedoch nur unter Bedingungen: Ich dürfe keinesfalls Alkohol trinken und nichts Fettes essen.

Akribisch stellte ich den Plan für meine Rückreise zusammen:
29. Oktober Bombay
30. Oktober Bombay
31. Oktober Flug Bombay–Istanbul
1. November Istanbul
2. November Athen
3. November Rom
4. November Rom
5. November Ankunft Stuttgart

Von Bhopal fuhr ich mit dem Zug nach Bombay und ließ dort meinen Vollbart abrasieren. Anschließend flog ich nach Istanbul und war damit erstmals seit über zwei Jahren wieder in Europa. Es war ein eigenartiges Gefühl, an einem weiß gedeckten Tisch in einem einfachen Restaurant zu sitzen.
Am nächsten Tag ging ich zur Hagia Sofia. Und völlig unverhofft kam mir der japanische Kollege, mit dem ich vor meiner Abreise aus Amerika im Spaß ein Treffen dort ausgemacht hatte, entgegen! Er fand das gar nicht ungewöhnlich, denn sein Reiseplan hatte sich ebenfalls verschoben.
In Istanbul blieb ich zwei Tage und machte noch einen Stopover in Athen für die Akropolis. Danach blieb ich zwei Tage in Rom, um endlich das Kolosseum zu sehen. Von dort flog ich über Zürich nach Stuttgart zurück, wo ich an einem trüben Herbsttag, es lag sogar schon ein bisschen Schnee, schließlich ankam.

43/44

45/46

Zwei Jahre und zwei Monate war ich von zu Hause weg gewesen und hatte mit meiner Familie nur in brieflichem Kontakt gestanden. Die akute Phase der Krankheit war zwar vorbei, aber mein Organismus würde noch lange brauchen, um sich von der lebensgefährlichen Leberentzündung zu erholen. Auf ärztlichen Rat ging ich nach Bad Mergentheim, um die Krankheit vollends auszukurieren. Jetzt machte sich die Krankenversicherung bezahlt, die ich damals in Guam aus dem Automaten gelassen hatte: Die „Mutual of Omaha" übernahm die Kosten für meinen Krankenhausaufenthalt in Indien und die Kur in Bad Mergentheim. Nach der zweiwöchigen Kur musste ich noch ein dreiviertel Jahr Diät halten und durfte nur Bestimmtes essen, vor allem viel Quark.

Zügig nahm ich mein Studium an der TH Stuttgart wieder auf. Ich war 1958 im achten Semester weggegangen, kam im November 1960 zurück und setzte das Studium mit dem neunten Semester fort. Der Plan war, dass ich 1962 mit dem Titel Diplom-Ingenieur abschließen würde.

An der TH traf ich meine früheren Studienkollegen wieder – Peter Conradi, Dietz Beulwitz, Christoph Parade und später natürlich Carlo Weber, der 1961 aus Paris zurückkam. Ich kam mir vor wie in einer Zeitkapsel, in der die Uhr angehalten worden war.

7   Die Stuttgarter Jahre 1960–1967

Um neben dem Studium als Oberstufenpraktikant
etwas Geld zu verdienen, plante ich, wieder zu
Behnisch zu gehen. Doch das gestaltete sich, wie ich
hinterher erfuhr, delikat: Das Büro hatte 1961 einen
zweiten Preis im Wettbewerb für das Rathaus in
Mannheim gewonnen, und Behnisch wollte unbedingt
an diesen Auftrag kommen. Dafür musste er aber
den ersten Preisträger aus dem Feld schlagen. Um
seine Chancen zu erhöhen, bat er seinen mit ihm
befreundeten Kollegen, den Stuttgarter Architekten
Otto Jäger, sich dafür einzusetzen, denn dessen
Bruder war damals Stadtbaudirektor in Mannheim.
Behnisch hoffte, dass dieser ihm zum Auftrag
verhelfen würde. Im Gegenzug empfahl Behnisch
mich, ohne mein Wissen, als „guten Mitarbeiter" an
Otto Jäger.
So kam es, dass ich in meinem Hongkong-Maßanzug
in dessen Büro ging, um mich vorzustellen. Es war
Mittagspause, und anstatt Otto begegnete ich einer
jungen Frau, die bei ihm arbeitete.
Ingrid, so stellte sie sich vor, eine große
[1] Pferdeliebhaberin und begeisterte Hobby-
[2] Springreiterin, hatte eine Bauzeichner-Ausbildung
im Architekturbüro ihres Vaters Dr. Hans Schulze in
Lindau abgeschlossen. Doch statt, wie es der Vater
erwartete, in dessen Büro einzusteigen, wollte sie an
der Stuttgarter Akademie Innenarchitektur studieren.
Dafür musste sie Geld verdienen. Ein Mitarbeiter
ihres Vaters riet ihr, sich im Büro von Otto Jäger zu
bewerben, und der stellte die bildhübsche junge Frau
sofort ein.
Otto Jäger arbeitete damals zusammen mit seinem
Partner Werner Müller, der ebenfalls in den USA
studiert hatte, an dem Projekt „Hannibal" im
Stuttgarter Stadtteil Asemwald. Vorgesehen war
ursprünglich ein einziger durchgehender Baukörper

von tausend Metern Länge, was die Öffentlichkeit jedoch nicht akzeptierte. Deshalb wurde das Projekt dreigeteilt und umbenannt in „Wohnstadt Asemwald". Behnischs Plan, mit der Unterstützung von Jägers Bruder den Auftrag in Mannheim zu holen, ging übrigens nicht auf, diesen bekam zu Recht der erste Preisträger Roland Ostertag. Ich dagegen blieb anderthalb Jahre bei Jäger.

Parallel dazu musste ich an Entwürfen arbeiten, die mir noch für das Diplom fehlten. Die Diplomaufgabe stellte Professor Wilhelm – ein Kulturzentrum „Centro Italiano" für italienische Gastarbeiter im Rosensteinpark.

Für diesen Entwurf hatte ich, in Erinnerung an den Berliner Interbau-Pavillon von 1957, das MERO-System übernommen. Das Modell des weitgespannten Fachwerks musste ich aus Draht löten und verbrannte mir dabei ständig die Finger.

Im Frühjahr 1962 bekam ich schließlich das Diplomzeugnis und war damit Diplom-Ingenieur. Es wurde aber auch Zeit, denn schon kurz nach unserer ersten Begegnung bei Otto Jäger waren Ingrid und ich ein Paar geworden. Im November 1961 hatte ich sie „durch die Blume" gefragt, ob sie mich heiraten wolle. Wir waren an einem Nachmittag nach Lorch gefahren, einer Kleinstadt östlich von Stuttgart im Remstal. Dort schauten wir uns eine Schule an, die Behnisch gebaut hatte. Ich kannte das berühmte romanische Kloster Lorch und wollte es auch Ingrid zeigen. Außerdem gab es in Lorch das „Waldcafé Muckensee", eine seltsame Mischung aus Café und Gewächshaus. Dort, bei Kaffee und Kuchen, sagte ich zu ihr: „So könnte ich mir unser Haus vorstellen – ein Teil Gewächshaus und ein Teil Höhle", und fragte sie, ob sie sich auch so etwas vorstellen könnte. Sie sagte „Ja", und so haben wir uns kurz vor Weihnachten verlobt.

Wir heirateten am 19. April 1962 im engsten Freundeskreis, es war ein Gründonnerstag. Bei

3

4

5

der standesamtlichen Zeremonie war Carlo einer unserer Trauzeugen. Anschließend gab es ein für unsere Verhältnisse großzügiges Hochzeitsessen auf dem Fernsehturm: doppelte Kraftbrühe, Rumpsteak „Café de Paris" und zum Abschluss Eisbecher „Fernsehturm" – nicht ohne eine gute Flasche Wein.

Eines Tages kam ein Anruf von Behnisch, der mich wieder um Mitarbeit bat. Sein Büro hatte 1963 den Wettbewerb für ein Gymnasium in Freiburg gewonnen und brauchte einen Projektarchitekten. Natürlich sagte ich zu und kam wieder in sein Büro, das sich noch in einer Holzbaracke in Sillenbuch befand. Das Droste-Hülshoff-Gymnasium wurde bis zu seiner Fertigstellung 1966 mein erstes eigenes Projekt. Der Bau, bestehend aus drei miteinander verbundenen Hallenteilen, wurde komplett aus Betonfertigteilen errichtet, die von der Firma Koch in Offenburg produziert und per Schwertransporter an die Baustelle geliefert wurden – Teile bis zu einer Größe von 2,40 x 10 Metern für die Deckenkonstruktionen. 1963 bis 1966 bearbeitete ich, neben dem Gymnasium-Projekt in Freiburg, verschiedene Wettbewerbe. Carlo und ich hatten aber immer vor, selbstständig zu sein, und machten zunehmend auch Wettbewerbe auf eigenen Namen.
Irgendwann muss deshalb bei Behnisch der Wunsch aufgekommen sein, die Gruppe, die bisher locker und erfolgreich zusammenarbeitete, enger aneinanderzubinden. 1965 oder 1966 sagte er zu mir, er könne sich vorstellen, „dass wir zusammen weitermachen". Doch dafür galt es, eine Organisationsform zu finden.
In Amerika hatte ich verschiedene „Associations" kennengelernt wie zum Beispiel „Yamasaki & Associates" oder „Skidmore, Owings and Merill", heute SOM, eine andere berühmte amerikanische Architekturfirma, die an mehreren Standorten unter demselben Namen agierte. Solche „Associations"

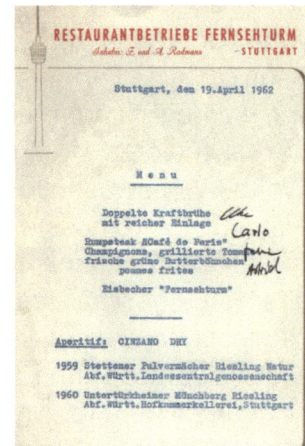

6/7

8

9/10

waren dort gang und gäbe. Deshalb schlug ich Behnisch eine Partnerschaft nach diesem Vorbild vor, womöglich mit mehreren Niederlassungen, um expandieren zu können. Denn damals war das Wettbewerbswesen in Deutschland noch sehr restriktiv: Man musste, um an einem Wettbewerb teilnehmen zu können, entweder Hauptwohnsitz oder Hauptgeschäftssitz im betreffenden Bundesland haben, in Bayern sogar sowohl Hauptwohnsitz als auch Hauptgeschäftssitz. Man konnte sich also nicht ohne Weiteres an Wettbewerben in anderen Bundesländern, insbesondere in Bayern, von Stuttgart aus beteiligen. Und Bayern war eine attraktive, da wirtschaftlich starke Region.
Behnisch fand meinen Vorschlag offenbar gut, und so gründete er unter dem Namen „Behnisch & Partner" 1966 die erste Architektenpartnerschaft in Deutschland mit Auer, Büxel, Tränkner und Weber als Partner.
Die neue Organisationsform gab dem Büro enormen Auftrieb. Wir planten zwar weiterhin Schulen und Sporthallen, aber dann kamen große Wettbewerbserfolge aus anderen Bereichen hinzu, so zum Beispiel ein Sportzentrum für Sindelfingen, das Kreiskrankenhaus in Göppingen und der Masterplan für das Zentrum der Uni Bremen. Und schon bald darauf erfuhren wir von der Ausschreibung für den „Architekten-Wettbewerb für die XX. Olympischen Spiele 1972 in München", an dem wir selbstverständlich teilnehmen wollten.
Unsere eigene wirtschaftliche Situation war nicht schlecht. Das Büro war erfolgreich, wir mussten uns keine Sorgen machen. Und die Familie wuchs: Nach der Geburt unserer Tochter Sibylle 1962 kam 1964 unser Sohn Moritz zur Welt. Wir wohnten bis dahin in einer Dreizimmerwohnung. Als sich weiterer Nachwuchs ankündigte, stellte uns dies doch vor räumliche Probleme. Wir brauchten etwas Größeres. Am besten ein Haus.

11

12

In der Zeitung hatte meine Frau gelesen, dass ein Einfamilienhaus in der Nähe versteigert werden sollte. Nachdem uns das Haus und dessen Lage samt Garten gefiel, rafften wir unsere gesamten Ersparnisse zusammen, mussten uns noch Geld leihen und
13 konnten so das neue Zuhause erwerben.

8   Freitag, der Dreizehnte – Oktober 1967

1967 kam Philipp zur Welt, unser drittes Kind. Und nur ein dreiviertel Jahr später, im Oktober, gab es den nächsten großen Einschnitt in unserem Berufs- und Familienleben. Ausgerechnet an einem Freitag, dem Dreizehnten erfuhren wir vom Gewinn des Olympia-Wettbewerbs mit dem ersten Preis für Behnisch und Partner.
Die Freude über dieses unerwartete Ergebnis war riesig. Solch eine Chance bekommt man, wenn überhaupt, nur einmal im Leben. Es war ein nationaler Wettbewerb mit über hundert Einsendungen. Und wir hatten ihn gewonnen!
Es galt aber in den folgenden Monaten noch viele Widerstände zu überwinden und Hürden zu nehmen, bis der Planungsauftrag endgültig an uns ging. Vor allem die von uns vorgeschlagene Überdachung der Sportstätten mit einem leichten, luftigen „Zeltdach" lief Gefahr, von der Politik abgeschossen zu werden. Carlo und ich waren diejenigen, die konzeptbestimmend den Wettbewerbsentwurf erdacht hatten. Deshalb war es nach der Auftragserteilung naheliegend, dass wir mit unseren Familien nach München ziehen und das Jahrhundertprojekt von dort aus betreuen würden.
Am Anfang tat ich mich mit dem Umzug schwer. Wir hatten ja vor einem knappen Jahr unser eigenes Haus in Stuttgart erworben und fühlten uns dort sehr wohl. München gefiel mir zudem anfangs überhaupt nicht: Ich war Stuttgart mit seinen grünen Hängen gewohnt, in München war alles topfeben und steinern. Zum ersten Mal das ganze Wettbewerbsteam zur Wettbewerbsausstellung auf der Theresienhöhe. Das zweite Mal war ich im April 1968 dort, um das Büro zu besichtigen, das wir angemietet hatten: eine Altbauvilla in der Destouchesstraße in Schwabing.
Als Nächstes ging es darum, eine Wohnung für uns zu finden. Und wieder spielte uns der Zufall in die Hand:

Eines Tages rief mich ein ehemaliger Schulfreund
aus der Tübinger Zeit an. Er wüsste ein Objekt
in Schwabing, in der Georgenstraße, in einem
„Gartenhaus". Mir gefiel die Wohnung auf Anhieb,
denn das Haus stand inmitten mächtiger Bäume.
Die Entscheidung lag jedoch bei der Besitzerin, einer
Baronin von Ow-Wachendorf, die damals auf ihrem
Schloss bei Horb am Neckar lebte. Also fuhren wir
dort hin, um uns vorzustellen. Auch wegen der drei
blonden Kinder waren wir ihr wohl sofort sympathisch
und kehrten befreit, mit dem Mietvertrag in der
Tasche, nach Stuttgart zurück.
Da dem „Gartenhaus" aber ein Garten fehlte, ließen
wir das Flachdach des Gebäudes mit Holz belegen.
Nun hatten wir über der 160 Quadratmeter großen
Altbauwohnung eine Dachterrasse, die unser „Garten"
mitten in der Stadt wurde.
So begann 1968 für uns als Familie die prägendste
Zeit in München.

9   Die Münchner Jahre 1968–1974

Bereits in Stuttgart hatten wir an Alternativen für die Überdachung der Sportstätten herumprobiert und dafür Frei Otto als künftigen Berater gewonnen. Doch mit unserem Umzug nach München ging die Arbeit erst richtig los.
Während der Planungszeit kam die Idee auf, sich über vergleichbare Sportbauten in USA zu informieren. Direkter Anlass dazu waren die Olympischen Sommerspiele 1968 in Mexiko City, die wir als Partnerschaft zusammen mit Jürgen Joedicke besuchten. Und weil wir ohnehin schon vor Ort waren, machte ich mich mit Joedicke auf, um die Bauten der
1   Azteken in Mexiko und darüber hinaus in Yucatán zu
2   besuchen. Auf der Rückreise schaute ich nach langer Zeit wieder einmal in Cranbrook vorbei und traf dort viele der damaligen Freunde und Freundinnen wieder. Trotz der tage- und nächtelangen Arbeit am Olympia- Projekt blieb uns Zeit und Energie, große Faschingsfeste in den Münchner Büroräumen zu organisieren. Diese hatten wir inzwischen von der Destouchesstraße in die Baracken auf dem Oberwiesenfeld verlegt, die heute von der Montessori-Schule genutzt werden. Es waren legendäre Veranstaltungen, bei denen alle Projektbeteiligten, die in den Baracken arbeiteten, gemeinsam feierten. Und jedes Fest hatte natürlich ein vielsagendes Motto, darunter „Volles Rohr", „Alle Jahre wieder das Fest der weißen Mieder" oder
3   zuletzt „Beni et Padres". Folgerichtig entstanden auf diesen Partys langanhaltende berufliche wie private Verbindungen, die sich auch in neuen familiären Zuwächsen manifestierten.

Die Arbeit am Olympiaprojekt nahm uns zwar voll in Anspruch, doch wir teilten sie so ein, dass wir uns ab und zu Freizeit, sprich Ferien leisten konnten.

1

2

3

Unsere ersten Ferien mit den drei Kindern führten uns über Ostern 1969 ins Unterengadin nach Sent in der Nähe von Scuol, ein stattliches Dorf auf halber Höhe über dem Inntal, mit der Möglichkeit, auf den Bergen im Sommer zu wandern und im Winter Ski zu fahren. Wir fanden eine Wohnung in einem ehemaligen Bauernhaus, das mich mit dem dort typischen Baustil – dicke Mauern, kleine Fenster in tiefen Laibungen – an die Kapelle in Ronchamp erinnerte. Vor allem die prächtige Biedermeierstube, vollständig ausgekleidet mit Arvenholz, hatte es uns angetan. Wir hätten nicht gedacht, dass dieser Ort und diese Stube unsere „zweite Heimat auf Zeit" über fünfzig Jahre werden würden.

Irgendwann überredete ich Behnisch, sich einen VW-Campingbus zu kaufen, nicht ohne den Hintergedanken, diesen auch selbst mitnutzen zu können. Es war der erste Bus dieser Art, ausgestattet mit einem Hubdach, das aus England kam. Dieser blaue „Bulli", Modell T1 mit geteilter Frontscheibe, wurde für uns über viele Jahre, nachdem wir ihn später selbst übernommen hatten, unsere rollende Ferienunterkunft.

Zum ersten Mal fuhren wir damit 1969 auf die Insel Elba, ohne den noch kleinen Philipp, der bei Behnischs untergebracht war. Bei Capoliveri fanden wir einen „Bus-Platz" oberhalb der Barabarca-Bucht inmitten von Rosmarin- und Thymianbüschen, und ich ging zum ersten Mal auf Fischfang mit Harpune.

Stuttgarter Freunde von uns hatten beschlossen, ein Jahr später mit demselben Bus Ferien auf Korsika zu machen, und hatten uns schon im Voraus Appetit auf diese Insel gemacht. Wir tauschten unseren VW Variant auf „offener Bühne" auf dem Stadtplatz von Albenga gegen den Bus und setzten mit ihm nach Korsika über, mit dem Ziel „Silberbucht" an der Südwestküste.

Ausgestattet mit Schlauchboot und Tauchzeug, gab es neben unserem eigenen Fischfang Langusten von den dortigen Fischern bis zum Abwinken.

Als das Olympiaprojekt in einigermaßen trockenen Tüchern war, gab es mehr Zeit, die Bürotür auch mal übers Wochenende zuzumachen, um mit der Familie aus der Stadt ins verlockende oberbayerische Umland zu fahren. Die Kinder wurden größer und sehnten sich nach Auslauf und Natur. Längere Zeit suchten wir deshalb ein Bauernhaus und wurden eines Tages fündig über eine Annonce in der „Süddeutschen Zeitung": Angeboten war ein Bauernhaus im Pfaffenwinkel, der Gegend zwischen Murnau und Schongau, einsam gelegen an einem Wiesenhang mit Blick auf den Hohenpeißenberg. Es war von der Bauernfamilie aufgegeben worden, der Mann hatte sich als Kutscher in Neuschwanstein verdingt, seine Frau ging mit dem Kind ihre eigenen Wege, und so konnten wir Haus samt Hof mieten.

Das Haus war nicht in bestem Zustand. Es fehlte vor allem eine Heizungsmöglichkeit für die damals noch harten Wintermonate. Da wir dabei waren, die Heizung in unserem Stuttgarter Haus, das wir nach dem Umzug nach München vermietet hatten, umzurüsten, konnten wir den dortigen Ölofen hier einbauen und so zumindest die Stube heizen.

Von nun an verbrachten wir, oft gemeinsam mit unseren befreundeten Familien aus München und vom Pilsensee, viele Wochenenden im „Lixhof". Dies war für uns alle, vor allem aber für unsere Kinder, eine Zeit der Naturentdeckungen. Wir konnten Pilze sammeln, Krebse fangen, im Moorsee schwimmen und auf den Bergen des Voralpenlandes herumklettern. Ständiger Begleiter war das Jugendbuch „Der Natur auf der Spur", mit dem die Kinder auch im Winter die verschiedenen Spuren der Tiere entdecken und erkunden konnten.

8

9

10

Den zweiten Korsika-Sommer, diesmal wieder mit dem blauen Büro-Campingbus, verbrachten wir 1971 mit großem Vorzelt direkt unter Pinien am Sandstrand „Anse de Fornello" bei Monacia-d'Aullène im Süden der Insel. Dort besuchte uns auch die Familie Behnisch und wir machten Unterwasserjagd auf Conger und Muränen. Die Rezepte dazu erfragten wir von einer korsischen Familie, die samt Eisschrank und Großeltern hinter uns im Gebüsch ihr Lager hatte. Die Insel gefiel uns so gut, dass wir zwei Jahre später dort noch einmal Sommerferien machten, diesmal ausnahmsweise nicht im Bus, sondern in einem Ferienhaus in der Nähe von Tizzano an der Südküste, ganz in Stein gebaut, das wir von einem Münchner Architekten mieten konnten.

10   Rückruf nach Stuttgart

Im August 1972 wurden die Olympischen Sommerspiele in München nach Zeitplan beendet, obwohl das Attentat auf die israelische Mannschaft seinen Schatten über die bis dahin „heiteren Spiele" geworfen hatte. Wegen der Olympiade hatten die bayerischen Schulbehörden die Sommerferien um zwei Wochen bis Ende September verlängert. Wir nutzten diese Zeit und fuhren, diesmal mit unserem silbernen Citroën- Break, zum zweiten Mal nach Elba, in die Innamorata-Bucht unterhalb von Capoliveri, wo wir eine Ferienwohnung direkt am Meer mieten konnten.

Natürlich ging die Büroarbeit auch nach Olympia weiter. Die Baracken auf dem Oberwiesenfeld hatten ihren Dienst getan, und wir zogen mit dem Büro zurück nach Schwabing. In der Martiusstraße mieteten wir ein aufgelassenes Maleratelier mit großem Nordlichtfenster. Dort arbeiteten wir mit einer kleinen Gruppe von ehemaligen Mitarbeitern des Olympiateams an Wettbewerben, immer noch unter den Namen Behnisch & Partner. Der erste war für den Neubau des Europäischen Patentamts in München. Seine Rundformen wurden zum Vorbild für den späteren Bundesbauten-Wettbewerb in Bonn im Jahr 1973. Außerdem liefen nach Olympia die Wettbewerbe für ein Gymnasium in Dachau und für eine Schul- und Sportanlage in Rothenburg ob der Tauber, die beide an unser Büro beauftragt wurden.

Während der Olympischen Spiele hatte ich den Athletic Director der DePauw University in Greencastle, Indiana kennengelernt, der mich zu einem Sportkongress in St. Louis einlud. Ich verband die Einladung mit einer Vortragsreise an verschiedene Universitäten in Kanada und den USA. Diesmal unternahm ich die Reise zusammen mit

1

2

meiner Frau, und wir erweiterten die Tour über das eigentliche Vortragsprogramm hinaus, um uns mit einem Chevrolet Camaro vor allem an der Westküste, mit Abstecher in die Mojave-Wüste und Las Vegas, umzusehen.

Ein architektonisches Highlight dieser vierwöchigen Reise war die Anlage des „Salk Institute for Biological Studies" in La Jolla bei San Diego. Louis Kahn hatte dort ein Ensemble, bestehend aus einem Instituts- und einem Wohnteil, entworfen, welche sich auf einer weiten, zum Pazifik offenen Plateau gegenüber liegen. Nach unserer Rückkehr stieg ich, zusammen mit Carlo, in den Wettbewerb für die Bundesbauten in Bonn ein. Da kam uns der Wettbewerb für das Europäische Patentamt in München aus dem Jahr 1970 in Erinnerung mit seinen Rundformen, die wir dann für das Abgeordnetenhaus übernahmen, während der kreisförmige Plenarsaal unter einem weit ausladenden Dachschirm seinen Platz finden sollte.

Während wir am Bundesbauten-Wettbewerb arbeiteten, kam ein Anruf des jüngsten Partners Manfred Sabatke aus dem Stuttgarter Büro, der aus Sorge um den Weiterbestand der Partnerschaft Carlo und mir nahelegte, wieder nach Stuttgart zurückzukommen. Wir überlegten hin und her und beschlossen schließlich, München vorübergehend zu verlassen. Der Schritt fiel uns schwer, nachdem die Kinder in den Münchner Schulen untergekommen waren und wir uns als Familien in Bayern gut eingelebt hatten und uns wohlfühlten.

Damit sollte auch die schöne Zeit in unserem Bauernhaus zu Ende gehen, und wir ließen sie mit einem großen „Landsportfest", zu dem wir das ganze Nachbardorf samt Trachtenkapelle einluden, ausklingen.

So zogen wir im Sommer 1974 wieder zurück in unsere frühere Heimat, die uns aber, ebenso wie das Büro in Stuttgart selbst, inzwischen fremd vorkam.

3/4

5/6

7

Zudem mussten wir feststellen, dass das hiesige Büro während unserer München-Zeit, in der Carlo und ich in einer Art Filiale das Olympiaprojekt bearbeiteten, architektonisch seine eigenen Wege gegangen war. Unser Stuttgarter Haus hatte ich von München aus für unseren Wieder-Einzug umgeplant, denn die Familie war inzwischen auf mehr Platz angewiesen. So erweiterten wir das Untergeschoss um einen Werkraum, Bibliothek und Gästezimmer, das Erdgeschoss um einen verglasten Wohnerker und eine die ganze Hausbreite einnehmende Porch.
Auch das Stuttgarter Büro hatte sich aus dem zu klein gewordenen Holzhaus in der Sillenbucher Äckerwaldstraße verabschiedet und ein aus Fertigteilen schnell entstandenes Bürogebäude, den sogenannten „Blechkasten" in der Mendelssohnstraße im selben Stadtteil bezogen. Dort bearbeiteten wir den in München begonnen Bonn-Wettbewerb weiter bis in den Maßstab 1:50.
Zum Ausgleich stieg ich immer öfter auf mein Rennrad, das ich mir anlässlich des Umzugs nach Stuttgart geleistet hatte. Schon als Jugendlicher war Fahrradfahren mein Sport, neben dem Wandern auf der Schwäbischen Alb und in den Allgäuer Bergen, dem Schwimmen im Starnberger See und im sommerlichen Mittelmeer. Bereits 1951 unternahm ich mit einem Schulfreund eine Radtour durch die Schweiz bis an den Lago Maggiore – mit einem aufgetakelten Bauer-Fahrrad mit Dreigangschaltung. Auf dieser Tour machte ich mit der von meinem Vater geliehenen Zeiss-Ikon-Kamera die erste Farbaufnahme am Hinterrhein bei Splügen. Anlässlich meines sechzigsten Geburtstags im Jahr 1993 fuhr ich auf dem Rennrad wiederum durch die Schweiz bis nach Piombino, diesmal mit unseren inzwischen ebenfalls radbegeisterten „Kindern", bevor wir gemeinsam nach Elba übersetzten.

8

9/10

11/12

Weitere Reisen in den Süden folgten. 1977 fuhren wir im Sommer zum dritten Mal nach Elba, diesmal in einem nagelneuen VW-Variant 412, der jedoch kurz vor Verona seinen Geist aufgab. Es dauerte eine Woche, bis über den ADAC die notwendigen Ersatzteile für den komplizierten Einspritzmotor aus Deutschland geliefert werden konnten. Der Chef der VW-Werkstätte in Verona hatte offensichtlich ein Herz für uns Gestrandete und bot uns seine Ferienwohnung auf dem Lido in Venedig an, inklusive eines Ersatzfahrzeugs. Auf diese Weise lernten wir die Region östlich von Verona bis Venedig näher kennen und lieben, obwohl wir unterwegs ausgeraubt wurden.

Schließlich kamen wir mit unserem wieder instand gesetzten Auto auf Elba an. Die Ferien verbrachten wir diesmal in einem kleinen Ferienhaus, welches Stuttgarter Freunde, beide Architekten, wenige Jahre zuvor aus dem dort anstehenden Granitgestein hatten erbauen lassen. Das „Gemäuer" liegt oberhalb des Örtchens Sant'Andrea inmitten von Macchia, Pinien und Steineichen mit freiem Blick aufs Meer – ein in seiner Naturbezogenheit uns bis heute willkommenes Paradies, das wir im Jahr 1997 von unseren langjährigen Freunden erwerben konnten.

Auch auf Elba bleiben bis heute die Radtouren entlang der Küste mit wechselnden Blicken aufs Meer und die Inseln des Toskanischen Archipels sowie den anspruchsvollen Bergstrecken mein großes Hobby. Hinzu kommen immer wieder architektonische Erlebnisse. Gemeinsam mit einigen Elba-Liebhaberinnen und -Liebhabern habe ich diese 2020 in einem kleinen Vademecum mit dem Titel „Case Moderne Häuser" – einer Sammlung von zeitgenössischen Architekturbeispielen auf Elba – dokumentiert.

11 Abschied von Behnisch & Partner und Neuanfang 1980

Die Arbeit in Behnisch & Partner lief unterdessen ungebrochen weiter. Carlo und ich setzten uns 1976 an den Wettbewerb für ein Kurgastzentrum in Bad Salzuflen, für den wir als Vorbild meine Erinnerungen an das von Frank Lloyd Wright geplante Gebäude der Johnson WAX Company in Racine, Wisconsin nutzten. Wir übernahmen die Pilzstützen-Konstruktion der dortigen großen Arbeitshalle, die wir über den
1 Innenraum des Zentrums in den Park weiterführten. Zeitgleich mit Salzuflen entstand aus dem Wettbewerb für das Subzentrum des neuen
2 Flughafens MUC II in München ein großer
3 Bürokomplex mit einer langen gläsernen Erschließungshalle, der scheinbar schwerelos über der Landschaftsebene schwebt.
In dieser Zeit wurde mir immer klarer, dass die Architekturauffassung, für die das Stuttgarter Büro inzwischen stand, sich weder mit meinen bisherigen noch mit meinen künftigen Vorstellungen deckte. Nach reiflicher Überlegung erklärte ich deshalb 1979 in einem persönlich übergebenen Brief Behnisch mein Ausscheiden aus der Partnerschaft. Er nahm meinen Entschluss zwar überrascht, aber gefasst zur Kenntnis. Anschließend informierte ich die Partner und stellte ihnen frei, sich mir anzuschließen. Außer Carlo, der sich entschied, mit mir zu gehen, blieben die anderen weiterhin bei Behnisch.
Als einzige „Wegzehrung" übernahm Carlo die weitere Planung des Kurgastzentrums Bad Salzuflen, ich die des Subzentrums MUC II, und wir machten uns daran, unter dem Büronamen „Auer + Weber"

1

2

3

eine eigene Existenz aufzubauen – ein kompletter Neuanfang!*

Wir mieteten zunächst eine leer stehende Wohnung in Stuttgart-Degerloch und richteten uns dort ein.

1981 brach dann Jubel im Büro aus: Wir hatten unseren ersten eigenen Wettbewerb gewonnen – das Internationale Begegnungszentrum für die Universität Freiburg. Kurz darauf gewannen wir unseren ersten größeren Wettbewerb für das Landratsamt des Alb-Donau-Kreises in Ulm. Schon dort war es mir ein Anliegen, die damals üblichen zwei Prozent der Baukosten für „Kunst am Bau" sinnvoll in unser architektonisches Konzept einzubeziehen. So konnte ich Gary Rieveschl für die Steinskulptur auf dem Vorplatz, die an die Kargheit der Alblandschaft erinnert, und Toni Cragg für die Installation in der Halle, die den Lauf der Donau thematisiert, gewinnen.

Noch im selben Jahr fuhr die gesamte Partnerschaft, nach Warschau, um für den Münchener Olympiapark nach dem Großen Architekturpreis des Bundes Deutscher Architekten (BDA) 1972 den Auguste-Perret-Preis der Union Internationale des Achitectes (UAI) entgegenzunehmen. Anschließend nutzten wir die Gelegenheit für eine Fahrt in das uns noch mittelalterlich anmutende Masuren mit seinen Wäldern, Seen und den einfachen Holzhäusern.

1982 wurden in dem Haus in der Georgenstraße, in dem wir während unserer Münchner Zeit gewohnt hatten, Räume frei, die bislang als Lager genutzt worden waren. Dort richteten wir erneut ein Münchner Büro ein. Und als die bisherigen Mieter ausgezogen waren, konnten wir wieder in unsere darüberliegende ehemalige Wohnung einziehen.

---

* Nachdem Carlo und ich uns von nun an einigten, wer von uns beiden das jeweilige Projekt konzeptionell entwickelt und dessen weitere Planung betreut, erwähne ich im Weiteren nur solche, für die ich im Namen unserer Gemeinschaft verantwortlich war.

4

5/6

7/8

Unser zunächst größter Wettbewerbserfolg war
1982 der Neubau des Landratsamts in Starnberg.
Die einmalige landschaftliche Situation direkt am
Starnberger See erinnerte mich an die Tempelanlagen,
welche ich von meiner Japanreise kannte, vor
allem an den Itsukushima-Schrein in Miyashima.
So zeigte der Entwurf eine ausgedehnte, nur
zweigeschossige Pavillongruppierung, welche sich
aus einem durchgehenden Maßsystem entwickelt,
deren ausgreifende Flügel sich mit der Landschaft
und über künstliche Wasserflächen mit dem See
selbst verbinden. Eine Skulptur der tschechischen
Bildhauerin Magdalena Yetelová, geschaffen aus
rohen Eichenstämmen, gibt das architektonische
Grundprinzip von Tragen und Lasten wieder und
übersetzt es – im Gegensatz zur feingliedrigen
Baustruktur des Gebäudes – ins Archaische.
Die architektonische Qualität der Gesamtanlage und
ihre landschaftliche Einbindung wurden zweimal
hoch ausgezeichnet: 1989 mit dem Deutschen
Architekturpreis und 2023 mit dem Preis des
Deutschen Architekturmuseums (DAM-Preis).
1984 folgte ein weiterer großer Wettbewerb für
die Stadthalle und Stadtbibliothek in Germering,
einem Nachbarort von München, welcher für sein
Selbstverständnis dringend einer entsprechenden
kulturelle Mitte bedurfte. Durch die Positionierung der
verschiedenen Baukörper entstand ein öffentlicher
Freiraum, welcher in die gläserne Fuge der inneren
Erschließungshalle überleitet.

Mit meiner Berufung als Professor für Baukonstruktion
und Entwerfen an die Fachhochschule München 1985
eröffnete sich für mich beruflich ein neues Feld. Ich
durfte es bis 1992 bestellen, bevor mich ein Ruf an die
Staatliche Akademie der Bildenden Künste in Stuttgart
erreichte. Acht Jahre lang übernahm ich dort eine
Entwurfsklasse der Oberstufe, dazu für eine gewisse
Zeit das Amt des Prorektors.

9/10

11/12

13

Zunehmend entwickelte sich der Name „Auer + Weber" zu einem Begriff, der durch Wettbewerbsgewinne und deren Realisierung gefestigt wurde.

Den räumlichen Schwerpunkt der Helen-Keller-Realschule in München-Johanneskirchen, hervorgegangen aus einem Wettbewerb 1987, bildet eine durchgehende, lichterfüllte und die verschiedenen Ebenen verbindende Halle, welche als innerer Begegnungs- und Gemeinschaftsraum dient. Ein filigranes Kunstwerk von Michael Kramer als räumliche „Promenade" interpretiert die rhythmische Raumfolge des Begegnungsraums.

In der Stuttgarter „Wilhelma", einer Kombination von Botanik und Zoologie, entstand anstelle der bisherigen Vogelkäfige eine neue Voliere in einer bis aufs Äußerste minimierten Seilnetz-Konstruktion. Einem Spinnennetz ähnlich und mit Respekt gegenüber der historischen Anlage fügt sie sich in den Baumbestand des Parks ein, sodass der Besucher auf seinem Gang durch die Voliere das zierliche „Exponat Vogel" ungestört in seiner quasi natürlichen Umgebung erleben kann.

25 Jahre Auer + Weber

Ein Wettbewerbsbeitrag, der für unser Büro und
sein Renommee mit entscheidend werden sollte,
war der Entwurf für den Deutschen Pavillon bei der
Expo '92 in Sevilla im Jahr 1990. Hier bot sich, nach
dem Münchner Olympiapark, die zweite Chance, ein
Projekt von europäischer Bedeutung zu entwickeln
und zu realisieren, dies im Bewusstsein einer großen
Tradition von vorausgegangenen Beiträgen zu diesem
Anlass:
- der Crystal Palace von Joseph Paxton London 1851
- der Barcelona-Pavillon von Mies van der Rohe 1929
- der Deutsche Pavillon für die Weltausstellung
  EXPO 58 in Brüssel von Sep Ruf und Egon
  Eiermann.

Zusammen mit dem Münchner Künstler Albert Hien
hatten wir dafür den Begriff „Deutschlandschaft"
erfunden, in welcher der „Zeppelin als deutsches
Schicksalsgefährt" eine wichtige Rolle spielte.
Vielleicht durch diese Anspielungen auf unsere eigene
Vergangenheit und Eigenart, die den deutschen
Veranstaltern nicht so recht ins Konzept passen
wollten, kam unser Entwurf nicht zur Ausführung.
An seine Stelle trat ein gesichtsloses Gebäude,
entworfen von einem Messebauer und engen Berater
des Wirtschaftsministeriums. Dieser Vorgang sorgte
nicht nur in Fachkreisen für Empörung. Dennoch
brachte unser Entwurf unserem Büro ein Jahr später
zwei wichtige Ehrungen ein: 1981 erhielten wir den
Kritikerpreis des Verbandes deutscher Kritiker und den
Fritz-Schumacher-Preis der Stiftung F.V.S. zu Hamburg.
Gleichzeitig wuchs unser Büro weiter. Inzwischen
beschäftigten wir vierzig Mitarbeiterinnen und
Mitarbeiter an den beiden Standorten Stuttgart
und München. Ab 1991 bis 2000 erweiterten
wir unsere bisherige Bürogemeinschaft um Götz
Guggenberger als Partner. Meine Frau unterstützte die

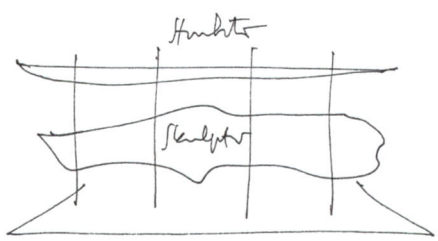
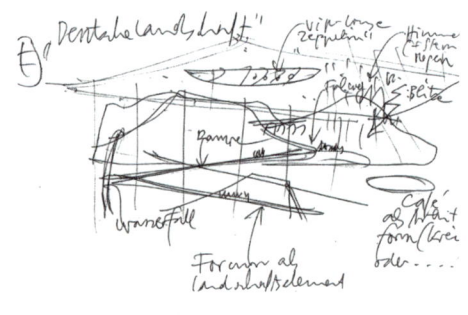

organisatorische und finanzielle Koordination zwischen beiden Bürostandorten mit viel Engagement.
In Anerkennung unseres bisherigen Wirkens als Architekten wurde ich 1993 in die Akademie der Künste in Berlin und Carlo Weber in die Sächsische Akademie der Künste in Dresden aufgenommen.
Um Abstand vom durchaus fordernden Büroalltag zu bekommen, unternahmen meine Frau und ich kurzfristig mehrere Last-Minute-Reisen nach Sizilien, Lanzarote und Marokko.
Im Juni 1993 konnte ich meinen 60. Geburtstag in dem von uns geplanten Parkcafé im Ludwigsburger Schlossgarten feiern, eine Art Gewächshaus mit Gastronomie, wo wir das Thema der dortigen historischen Weinbergterrassen in die Sitzterrassen im Inneren integrierten.

In München folgte 1995 das Projekt für die U-Bahnstation „Westfriedhof", deren bestimmendes Element – die aus dem Herstellungsprozess felsartig anstehende Oberfläche der Bahnsteigwände – bewusst im Gegensatz zur Präzision des Ausbaus steht. Das Lichtkonzept, in Zusammenarbeit mit dem Lichtdesigner Ingo Maurer entwickelt, unterstreicht diese Absicht, indem farbige Lichtdome das Mystische des unterirdischen Raumes betonen.
In Stuttgart projektierten wir derweil verschiedene das Stadtbild prägende Neu- und Umbauten, darunter 1995–1998 das „Zeppelin-Carré". Obwohl unmittelbar gegenüber dem Stuttgarter Hauptbahnhof gelegen, war dieses Stadtquartier bis in die Neunzigerjahre ein unattraktives und kaum zugängliches Stück Innenstadt, bis es eine Frankfurter Immobilienfonds-Gesellschaft übernahm. Nach umfassender Sanierung und Öffnung der bisher geschlossenen Innenhöfe entstanden Spielräume für neues städtisches Leben mit hochwertigen Arbeitsplätzen und idealer Verkehrsanbindung an die Stadt und die Region.

6/7

8/9

11/10

Mit dem Wettbewerbsentwurf für das „Prisma-Haus" in Frankfurt-Niederrad als künftigem Hauptsitz der Verwaltung des Hochtief-Konzerns konnten wir 1996 an einem bislang unterentwickelten Ort der Stadt ein neues Zeichen setzen. Schon der Name bezieht sich auf die kristalline Form des Gebäudes,
12 welche sich aus der prismenförmigen Anordnung der Arbeitsbereiche um einen großen, glasüberdeckten
13 Lichthof entwickelte.
Ein weiteres Projekt in Frankfurt, 1997 ebenfalls aus einem Wettbewerb entstanden, ist das Institutsgebäude für die Max-Planck-Gesellschaft im Universitätsviertel nördlich der Innenstadt, ein Baustein des neuen Campus der Johann-Wolfgang-
14 Goethe-Universität. Die drei Grundelemente des Gebäudes sind ihren Inhalten entsprechend ausgeformt: Eine durchgehende gläserne Halle erschließt sowohl die Laborbereiche auf der Nordseite, wie auch die für theoretisches Arbeiten auf der Südseite. Beide Bereiche sind über Brücken
15 miteinander verbunden.

Selbst in einen James-Bond-Film hat es eines unserer Projekte gebracht: Im Münchner Büro gab es eine junge Praktikantin, deren Vater einer der Direktoren der in Garching bei München ansässigen Verwaltung der Europäischen Südsternwarte ESO war, die astronomische Forschung in Südamerika betreibt. Nachdem ein europäischer Architekturwettbewerb unter den Ländern, die sich in diesem Unternehmen zusammengetan hatten, ausgeschrieben wurde, machte sie ihren Vater auf unser Büro aufmerksam, und so wurden wir in den Kreis der Bewerber für den Auftrag aufgenommen.
Es stellte sich heraus, dass der Ort für dieses Projekt in Chile, im Osten der Anden in unmittelbarer Nachbarschaft zum Pazifik auf einer Höhe von 2600 Metern geplant war, da dort die günstigsten Voraussetzungen für eine von Umwelteinflüssen

12/13

14/15

ungestörte Beobachtung des Weltalls gegeben sind. Anstelle der bisherigen Containerprovisorien sollte eine Unterkunft geschaffen werden, welche den zeitlich begrenzten Aufenthalt in einer der trockensten Wüstenlandschaften der Erde erträglich machte.
So kamen wir auf die Idee, im Gegensatz zu den technischen Apparaten auf der Bergspitze den dort beschäftigten Wissenschaftlern und Technikern eine Bleibe anzubieten, welche sie sozusagen wieder in den Schoß der Erde zurückbrachte. Architektur- und Landschaftsformen stehen klar abgegrenzt gegeneinander, der gefärbte Beton verbindet sich mit den Tönen der Wüste.
Die Besonderheit von Ort und Bauwerk muss wohl auch denen aufgefallen sein, die einen speziellen Set für den James Bond Film „Ein Quantum Trost" suchten, denn sie wurden dort fündig. Meine Frau und ich besuchten anlässlich ihres sechzigsten Geburtstags, nachdem sie die Anden aus dem Cockpit des Flugkapitäns erleben durfte, unseren Sohn Philipp auf der Baustelle, der dort das Projekt mit betreute.

1998 gewannen wir den Wettbewerb für die Universitätsbibliothek Magdeburg. Als Gegenüber zur bestehenden Mensa bildet sie das Bindeglied zwischen Universität und Stadt. Nach dem Prinzip der Faltung einer bandartigen Fläche entstand über lange, ungebrochene Diagonalen ein räumliches Kontinuum, das als „Leselandschaft" nach außen und innen auch zeichenhaft für die Inhalte des Gebäudes steht. Das Atrium als Mittelpunkt der Bibliothek ermöglicht eine klare Orientierung und Erschließung der Bibliotheksflächen.
1998 erhielten wir den Auftrag für den Um- und Neubau des im Krieg zerstörten „Alten Rathauses" aus dem Jahr 1911 in Pforzheim. Es bildet das städtebauliche und funktionale Bindeglied zwischen dem Neuen Rathaus aus den Siebzigerjahren und dem Technischen Rathaus aus den Fünfzigerjahren.

17

18/19

20

21

22

23

24

25

Eine das Volumen des ehemaligen Dachkörpers zitierende Aufstockung und eine zum Neuen Rathaus vermittelnde Eckbetonung prägen das neue Erscheinungsbild. Der glasüberdachte Lichthof dient der innenräumlichen Erschließung und als Kommunikationsraum.

Die bauliche Hülle des Zentralen Omnibusbahnhofs (ZOB) in München, hervorgegangen aus einem 2002 gewonnenen Wettbewerb, fasst die Nutzungen Terminal/Büro/Hotel/Dienstleistung zusammen. Mit seiner ungewöhnlichen Form bildet er stadträumlich den Auftakt einer neuen „Stadtkante" nördlich des Gleisfelds zwischen dem Hauptbahnhof und Pasing – eine Landmarke, welche zugleich eine attraktive Adresse auch für konventionelle Nutzungen bietet.

Ab 1998 war ich als Mitglied verschiedener Gestaltungsbeiräte und zum Teil deren Vorsitzender, beratend für mehrere Städte, so in Regensburg, Landshut, Nürnberg und schließlich in Freiburg, tätig. Hinzu kam ein über mehrere Jahrzehnte reichendes Amt als Fachpreisrichter und Vorsitzender in Architekturwettbewerben.

Die Auslandsaktivitäten des Büros bezogen sich jedoch nicht nur auf Chile, sondern auch auf eine weit entfernte Region auf der anderen Seite des Globus: China. Denn westliche Architektur und Architekten waren Anfang der Zweitausenderjahre dort stark gefragt.

Unser erstes China-Erlebnis war die Beteiligung an der Planung der zum Großraum Shanghai gehörenden „Anting New Town", Teil der benachbarten internationalen Automobilstadt. Im Rahmen eines Masterplans von Speer & Partner sollte eine Wohnstadt für 25.000 Einwohner nach deutschem Vorbild entstehen. Einer chinesischen Delegation, welche 2002 den UIA-Kongress in Berlin besucht hatte, schlug Speer unser Büro für einen Teilbereich vor.

26

27

28

Dem Wunsch der chinesischen Auftraggeber nach einer idyllischen Rothenburg-Kopie wollten wir allerdings nicht folgen, und nach langen Diskussionen, was das Charakteristische einer neuzeitlichen deutschen Stadtplanung sein könnte, einigte man sich auf eine Kombination aus Gartenstadt und Gründerzeitbebauung. Dabei lernten wir zwei chinesische Regeln kennen: dass eine bauliche Formation nicht geschlossen sein darf, sondern Öffnungen benötigt, um das Feng Shui durchzulassen, und dass die günstigste Orientierung für das Wohnen die nach Süden gerichtete ist. Somit blieb von dem Gründerzeit-Stadtplan wenig übrig und sollte kompensiert werden durch Freianlagen, welche die gewundenen Straßen mit Baumalleen und Wasserläufen begleiten.

Aus einem 2004 gewonnenen internationalen Wettbewerb ging ein weiteres China-Projekt hervor, die Luxun Hochschule für Bildende Kunst in Dalian, einer Hafenstadt auf der Halbinsel Liaodong. Konzeptioneller Leitgedanke war der Bauplan einer antiken griechischen Stadt am Beispiel Priene – eine unabhängig von der bewegten Topografie geometrische Struktur mit der Agora (hier der Campusplatz, als deren „politischem" und räumlichen Schwerpunkt. Um diesen gruppieren sich die wichtigsten Bausteine wie Bibliothek, Museum und Institute.

Ebenfalls als Ergebnis eines internationalen Wettbewerbs 2008 sollte das neue Kulturzentrum von Shenyang, direkt am Hun River gelegen, die verschiedensten Räumlichkeiten für Veranstaltungen und Ausstellungen zusammenfassen. Diese Funktionen implantierten wir – inneren Organen vergleichbar – ins Innere einer kristallähnlichen Hülle. Leider wurde das Konzept ohne unsere weitere Mitwirkung so stark verändert, dass wir uns nicht mehr mit dem Ergebnis identifizieren konnten. Seither haben wir unser Engagement in China beendet.

29

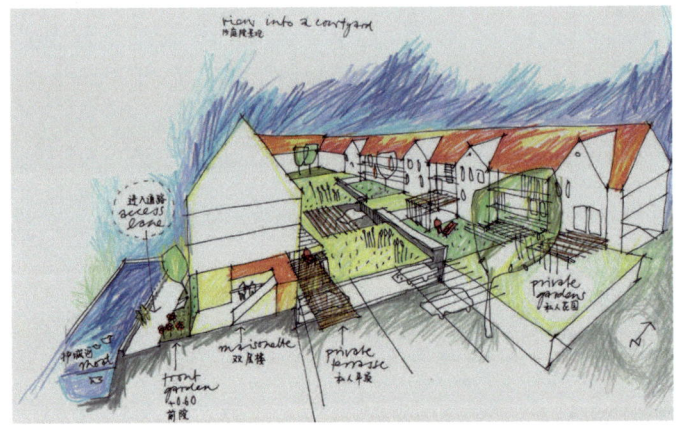

30

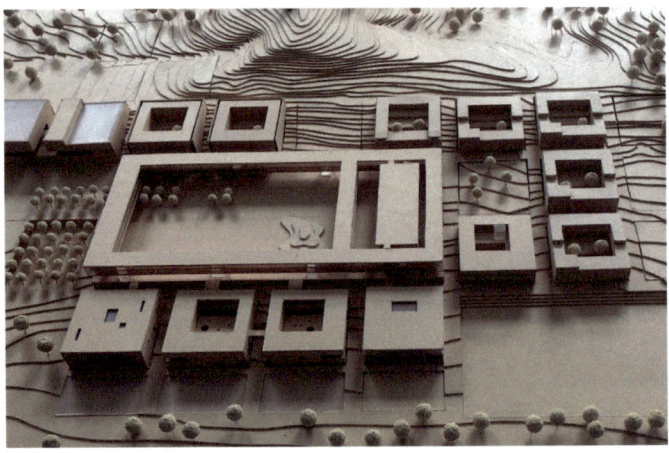

31

32

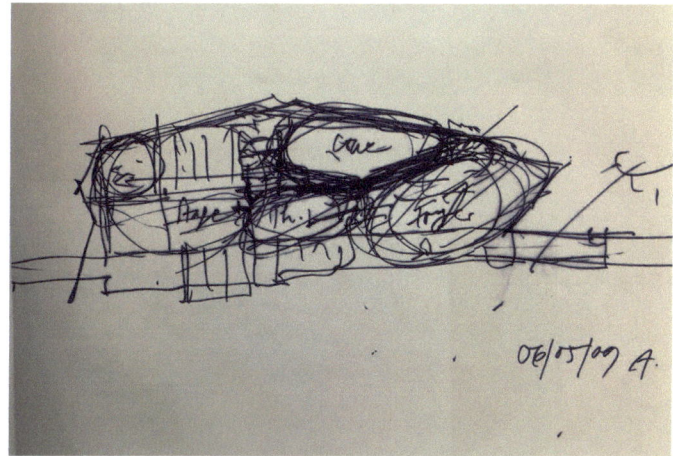

33

34

35

Gleishalle
Empfangshalle
Bahnhofplatz
Trasse 2. S-Bahn-Stammstrecke
Vorhaltekörper U9
Nukleus 2. Stammstrecke
U1 / U2

36

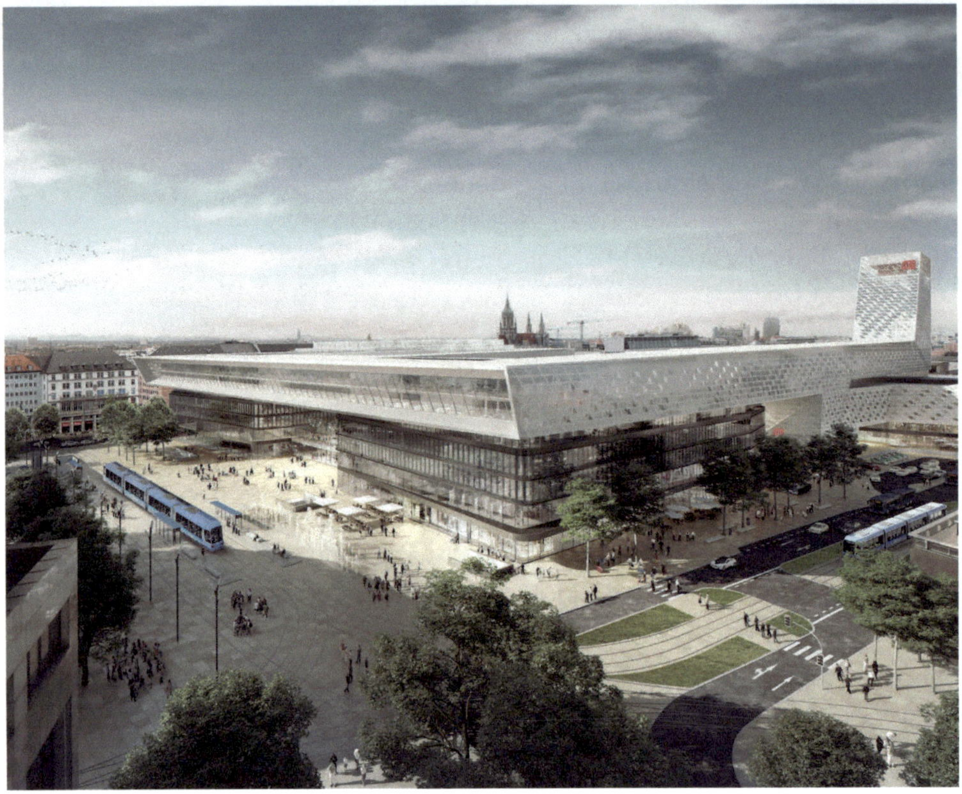

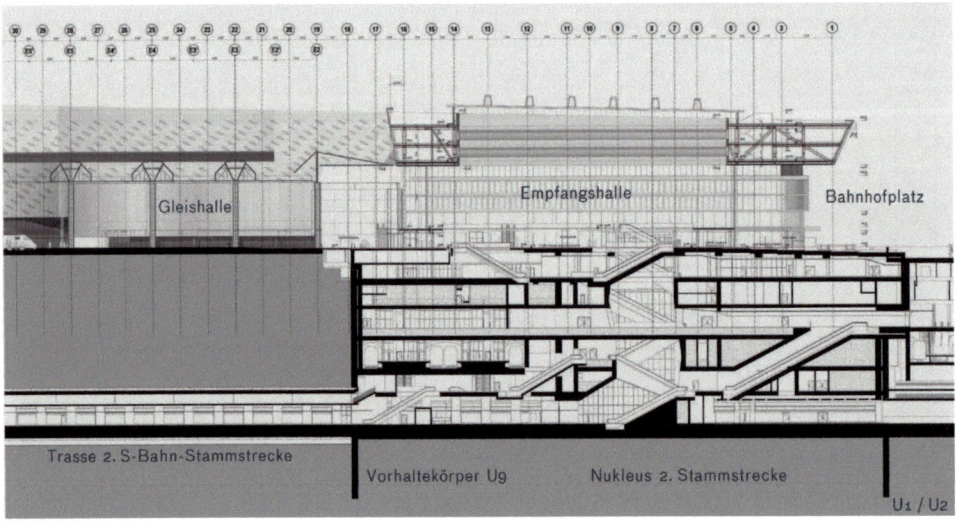

Das mit Sicherheit „langatmigste" Projekt, hervorgegangen 2004 aus einem mehrstufigen Wettbewerb, ist der Neubau des Empfangsgebäudes für den Münchner Hauptbahnhof. Der Spitze eines Eisbergs vergleichbar, bildet es die oberirdische „Krönung" eines zeitraubenden Verkehrsbauwerks – der Ertüchtigung der zweiten Stammstrecke im Untergrund.
Mit der Fortführung des großzügigen Raumes der bestehenden Gleishalle und einer Neuinterpretation der Empfangshalle als „Stadtfoyer" wird die räumliche wie inhaltliche Wechselbeziehung zwischen Stadt und Bahn manifest.
Die Prognosen für die Fertigstellung dieses Vorhabens schwanken zwischen Ende der Zwanzigerjahre und – wohl realistischer – den Dreißigerjahren unseres Jahrhunderts. Ob ich die Einweihung noch erlebe, steht also in den Sternen.

Da für dieses und künftige Projekte die bisherigen Räumlichkeiten in München nicht mehr ausreichen, suchten wir nach Erweiterungsmöglichkeiten, die wir schließlich 2007 in den ehemaligen „Meisterhöfen" in der Sandstraße fanden, nicht zuletzt wegen des „Italieners" im Hof.

13 Die nächste Generation ab 2006

2003 feierte ich mit vielen Freunden, Wegbegleitern und meiner Familie meinen siebzigsten Geburtstag. Das Büro wuchs weiter. Damit einher gingen Erfolge, aber auch manche Rückschläge. Deshalb trug ich mich seit Längerem mit dem Gedanken, das Büro bereit zu machen für die Herausforderungen der Zukunft. Dafür bot sich die Umstellung der bisherigen GbR auf die Rechtsform einer GmbH an.
Nach längeren Überlegungen kam ich mit Carlo überein, das Büro langfristig in andere Hände zu geben und aus dem Kreis der langjährigen Assoziierten fünf als Geschäftsführer zu bestellen: Moritz und Philipp Auer, Jörn Scholz, Achim Söding und Stefan Suxdorf – weiterhin in enger Zusammenarbeit mit den Assoziierten. Die formelle Umstellung erfolgte 2006, mit Stuttgart als Hauptgeschäftssitz.
Im Sommer 2010 konnten wir im von uns geplanten Restaurant „Coubertin" im Münchner Olympiapark das dreißigjährige Jubiläum unseres Bürobestehens feiern, bei dem auch der Münchener Alt-OB Hans-Jochen Vogel zugegen war.
Drei Jahre nach diesem Fest, im Juni 2013, konnte ich einen großen Familien- und Freundeskreis zu meinem achtzigsten Geburtstag in das „Café Ludwig" im Münchner Petuelpark einladen. Das inzwischen auf 135 Mitarbeiter und Mitarbeiterinnen angewachsene Büro traf sich aus diesem Anlass auf der Schwäbischen Alb am Fuße des Römersteinturms. Mein langjähriger Freund und Büropartner Carlo Weber konnte zwar noch dabei sein, verstarb aber 2014 im Stuttgarter im Marienhospital an einer langen Krebserkrankung.
„In Anerkennung herausragende Leistungen auf dem Gebiet der Architektur" ehrte mich das Bayerische

1

2

3

Staatsministerium für Wohnen, Bau und Verkehr 2014 mit der Verleihung der Leo-von-Klenze-Medaille. Im selben Jahr entschied sich der Münchner Stadtrat in einer denkwürdigen Sitzung für einen Antrag zur Aufnahme des Olympiaparks in die Liste der UNESCO-Weltkulturerbestätten. Dies ist auch der Initiative des Vereins „Aktion Welterbe Olympiapark" und einer engagierten Öffentlichkeit zu verdanken. Nun bleibt abzuwarten, wann die maßgeblichen Gremien „grünes Licht" für die Aufnahme dieses einmaligen Ensembles geben.

Im Jahr 2022 feierte München das fünfzigjährige Bestehen des Olympiaparks. Die Aktionen rund um dieses Jubiläum erweckten die Sportstätten und den Park, wie seinerzeit zu den Olympischen Spielen 1972, zu neuem Leben. Einer der Höhepunkte war die Austragung der zweiten „European Championships": Die auch bei Olympischen Spielen stattfindenden Sportarten versetzten im August 2022 die ganze Stadt in Feststimmung – eine wunderbare „Belohnung" für unsere damalige Idee aus dem Jahr 1967.

4/5

6

7

14   90. Geburtstag

Mein 90. Geburtstag wurde im Büro gebührend gefeiert. Mit einem Ausflug an den Starnberger See, der Besichtigung des von uns im Vorjahr erweiterten Landratsamtes aus dem Jahr 1987 und einem bayerischen Ausklang mit Sonnenuntergang am Seeufer fand meine Lebensreise ihren vorläufigen Abschluss.

15 Statt eines Nachworts

Was bleibt?
Wenn ich auf meine „Lebensreise" zurückschaue, kommt in meinem Bericht, neben den vielen Eindrücken und Ereignissen entlang des Weges, die vielleicht wichtigste Erfahrung, das wichtigste Gut, zu kurz – die Begegnung mit Menschen.
Es würde zu weit führen, alle namentlich zu benennen, ohne jemanden zu vergessen. So muss es genügen, dass sie mir alle in Erinnerung bleiben oder gegenwärtig sind.
So könnte ich mich heute in Ruhe zurücklehnen, auch in der Gewissheit, dass die Zukunft des Büros, welches ich 1980 zusammen mit meinem Gefährten Carlo Weber gründete, in guten Händen ist.
Nachdem ich „meine Geschichte" niedergeschrieben habe, verfolge ich aber als Beobachter nach innen und Repräsentant nach außen weiterhin das Wohl und auch das Wehe des Büros und der in seinem Namen Tätigen als ein stets ansprechbarer „Elder Statesman".
Aber wo wäre ich geblieben, was wäre aus mir geworden ohne eine starke Familie, die sich über Jahrzehnte gebildet, vermehrt und verzweigt hat?
Für sie war ich nie der Großvater, sondern immer „der Fritze". Und so soll es bleiben, solange mir das Leben – hoffentlich noch lange gemeinsam mit meiner lieb-strengen-treuen Frau Ingrid – vergönnt ist, getreu meinem Wahlspruch:

Ich leb und weiß nit wie lang
ich stirb und weiß nit wann
ich fahr und weiß nit wohin
mich wundert, dass ich fröhlich bin.

Magister Martinus von Biberach zugeschrieben
(um 1498)

Anhang

Reden und Schriften aus 50 Jahren

Unsere Zeit ist arm geworden an schriftlichen Mitteilungen, nachdem die Kommunikationsmöglichkeiten seit Erfindung des Telefons und noch mehr des Internets schneller und einfacher geworden sind.
Umso mehr könnte es, gerade auch für die jüngere Generation, von Interesse, ja vielleicht sogar ein Erkenntnisgewinn sein, von solchen Erlebnissen aus einer Zeit, als davon über die Jahre Mitteilung nur schriftlich möglich war, heute lesenderweise zu erfahren.
Die vorliegende Sammlung enthält teils Gedanken über meine Architektur-„Philosophie", teils Redebeiträge zu besonderen Anlässen.
Sie sollen den Bericht über meine „Lebensreise" ergänzen.

Berufsphilosophie und Lehre

1 „Zur Architektur in unserer Zeit"

Vortrag an der TU München, 9. Mai 1977

Ich bin ein Architekt, wie man so schön sagt, der mitten in der Praxis steht und in der glücklichen Lage ist, mit einigen Gleichgesinnten arbeiten zu können.
Meine Kenntnisse und Erfahrungen kommen zum einen aus der direkten Auseinandersetzung mit zu Bauendem oder mit Gebautem, zum anderen aber, und das scheint wichtig, aus der Auseinandersetzung über grundsätzliche Probleme im Kreis meiner Kollegen.
Erfahrungen, gute und weniger gute, kommen zusammen aus einer Vielfalt verschiedener Aufgaben und verschiedener persönlicher Blickwinkel.
Erwarten Sie von mir heute keine Abhandlung zu einem speziellen bautechnischen Problem, obwohl mir dies sicher bei der Unterschiedlichkeit unserer Bauten leichter gefallen wäre. Ich meine aber, dass ich, mehr vom Warum als vom Wie sprechen sollte, aus dem heraus, aus meiner Sicht, Architektur heute entsteht.
Lassen Sie mich mit Ihnen zusammen reflektieren über solche Zusammenhänge, ohne Anspruch auf Ausschließlichkeit oder gar lückenlose Fügung zu einem geschlossenen System, in dem alles aufgeht.
Wenn wir Architektur im Zusammenhang mit unserer heutigen Situation sehen, kommen wir nicht umhin, uns mit dieser Situation auseinanderzusetzen. Deren Symptome sind hinlänglich bekannt, sie beeinflussen das Bild unserer Umwelt.
Die „tragische Spaltung zwischen Denken und Fühlen", die Siegfried Giedion in seinem Buch „Raum, Zeit und Architektur feststellt" und die ihren Ursprung in der französischen Revolution und im Zeitalter der Aufklärung hat, zieht sich durch unseren ganzen Lebensbereich.
Die Parallelität von Denken und Gefühl als Zeichen einer universellen Auffassung der Welt, welche die großen Kulturepochen kennzeichneten, ist zugunsten des Denkens, der Ratio, aufgegeben worden.
Der Bezug zu einem gemeinsam akzeptierten Mittelpunkt ging verloren, das Streben nach einer „Weltenharmonie" ist einer verbreiteten

Verständnis- und Ratlosigkeit gewichen, Resignation oder Aggression scheinen als Alternativen zu verbleiben.
Die Mittel, die wir uns durch Wissenschaft und Industrialisierung geschaffen haben, sind dabei, sich zu verselbständigen. Wir laufen Gefahr, sie aus dem Griff zu verlieren.
Was zählt, ist Leistung.
Die Konzentration des Leistungsfähigen zur Macht verdrängt das nicht Leistungsfähige und deshalb nicht zählende Schwache und Empfindliche.
Unser ständig steigendes Komfortbedürfnis, sprich Lebensstandard, und die Mittel, die wir hierfür brauchen und schaffen müssen, setzen sich um in einen wachsenden Druck auf unsere Umwelt.
Die zunehmende Unterscheidung zwischen Berufs- und Privatleben – „erst kommt das Geld, dann die Moral" – wirkt sich aus in Profitdenken anstelle von gesellschaftlicher Mitverantwortung.
Die Architektur, die, früher wie heute, Zeugnis gibt von den Kräften, Lebensformen und Inhalten einer Zeit, wird auch deren Symptome ausdrücken.
Die Form – in der Architektur früherer Zeiten Ausdruck des geistigen Inhaltes – wird, da uns diese Inhalte fehlen, zum formalen, modischen Überzug – was heute eckig ist, wird vielleicht morgen rund sein.
Der Bruch mit der Tradition war eingeplant. Was das Bauhaus als läuternde Mission gegen die Stillosigkeit der Gründerzeit verkündete, wurde missverständlich zum Dogma eines neuen technischen Zeitalters erhoben. Die Gesetzmäßigkeit der Maschine wurde als Ausweg aus unseren Problemen und als Maßstab einer neuen, schöneren Welt angesehen.
Ein neues Vokabular, neue, bisher unbekannte Werkstoffe und Konstruktionen ließen die Sprache der Architektur vorwiegend technisch werden.
Die Kluft zwischen dem Architekten und seiner Architektur und dem Menschen, der sich darin einrichten musste, begann sich abzuzeichnen in dem Maße, wie die Architektur das ganze Spektrum der menschlichen Sinne – Verstand und Gefühl gleichermaßen – vernachlässigte.
Der Bauboom der Nachkriegszeit führte, unter dem Druck des plötzlichen und umfassenden Raumbedarfs für Wohnung und Industrie und unterstützt durch den Aufwind unseres „Wirtschaftswunders", zu einer weiteren Reduzierung architektonischer Qualität zugunsten baulicher Quantität.
Heute liegen Investitionen und Kapazitäten brach, die Profite sind gemacht, das Land ist abgeweidet. Der Aufbruch der Bauindustrie, und in ihrem

Gefolge die in aller Eile formierten Consulting-Gruppen, hat begonnen; das „Know-how", das Gewusst-wie, mit dem hierzulande zu Werke gegangen wurde, wird nun anderen Ländern zur sogenannten Lösung ihrer Probleme angeboten.
Vor uns steht und entsteht noch täglich Architektur, deren Sinn wir nicht mehr erkennen können, mit deren Willkürlichkeit wir uns, je nach Betroffensein, mehr oder weniger abgefunden haben.
Wir haben in unserer Architektur den Menschen mit seinen Wünschen und Sehnsüchten vergessen, er muss, wenn er darauf angewiesen ist, nehmen, was er auf dem Markt bekommt.
Es wird von der Überflüssigkeit des Architektenberufs gesprochen – zugegebenermaßen ein vielleicht zu düsteres und zu einseitiges Bild. Welche Lehren können wir hieraus ziehen für unsere Gegenwart – und noch mehr für unsere Zukunft? Wo sind Anzeichen, die uns hoffen lassen? Eines ist sicher: Wir werden uns nicht abseits stellen können und mit Fingern auf die vermeintlich Schuldigen zeigen, das wäre ein leichter und zudem falscher Ausweg.
Inge Boskamp berührte diesen wunden Punkt anlässlich der Verleihung des BDA-Kritikerpreises so:
„Wir sagen, dass wir morgen besser bauen wollen, und ich frage mich immer wieder, wie wir es tun wollen. Wie wollen wir das tun, wenn wir davor kneifen, das gestern und heute Gebaute zu unserer eigenen Suche zu machen, es uns wieder anzueignen und es selbst mit uns in Verbindung zu bringen […].
Rational haben wir uns aufgeführt. Wenn wir gestern Verachtung, Lieblosigkeit, Gleichgültigkeit mit sicherem Baustoff und sicherer Konstruktion gebaut haben und uns heute nicht eingestehen, dass wir verachtet haben, dass wir lieblos und gleichgültig waren, dann werden wir auch morgen so bauen […].
Ich nenne das, was wir gebaut haben, Architektur, ohne mich am Widerspruch zu stören, den dieses Wort zu seiner traditionellen Bedeutung hat. Denn so wenig ein Baum kein Baum ist, nur weil er hässlich gewachsen ist und von Krankheit befallen, sowenig ist diese Architektur keine Architektur, nur weil sie hässlich geraten ist […]"
Wir haben also zu unserer geschichtlichen Vergangenheit auch eine bauliche Vergangenheit zu bewältigen.
Ansatzpunkte für eine Besserung müssen wir in erster Linie bei uns suchen, die wir Kritik üben. Denn Kritik üben heißt ja, dass das Gefühl für Werte in uns noch nicht verloren gegangen ist.

Hierzu nochmals Inge Boskamp:
„Eine befriedigende Antwort ist aber nur die, die wir auf uns selbst geben. Sie setzt zweierlei voraus: die Bereitschaft zur Verantwortung und eine positive, also bejahende Einstellung zur existierenden Beziehung zwischen uns und der von uns geschaffenen Welt."
Wir dürfen, müssen hoffen, solange wir zum Mitwirken in Verantwortung bereit sind.
Das allgemeine Bewusstsein scheint sich in diese Richtung zu verändern. Wir haben das Gefühl, dass die Welle uns überrollt hat, dass wir benommen, aber nicht bewusstlos sind.
Neue, wenn auch noch auf schwachen Füßen stehende Ansätze geben Grund zur Hoffnung:

- Die Frage nach Qualität anstelle von bloßer Quantität wird immer deutlicher gestellt, wobei nicht die Qualität der Machbarkeit, sondern die Qualität des Lebens selbst gemeint ist.
- Die Energiekrise hat schlagartig unsere Abhängigkeit, sowohl von Rohstoffen als auch von Mächten, klargemacht.
- Yona Friedman erteilt geläufigen Zukunftsmodellen eine Absage, indem er in seinem Buch „Machbare Utopien" darauf hinweist, dass die Existenzfähigkeit von Lebensgemeinschaften infrage gestellt wird, wenn diese eine bestimmte, „kritische" Größenordnung überschreiten.
- Bürger, die sich für die Erhaltung ihrer angestammten Umgebung einsetzen
- Die Selbsthilfe junger Amerikaner, die sich ihre Häuser mit eigener Hand und nach ihren Vorstellungen bauen – „drop-outs" der Gesellschaft oder Keimzellen eines wiedererwachten, persönlichen Bewusstseins?
- Wir haben erkannt, dass „alt" nicht gleich „schlecht" bedeuten muss, und „neu" nicht gleich „gut".

Beispiele in unserer gebauten Umwelt bestätigen diese Entwicklung:

- die Fußgängerbereiche in unseren Innenstädten
- die Bemühungen zur Erhaltung, Verschönerung und Wiederherstellung alter Bausubstanz in den Städten und auf dem Lande
- neue Ansätze in der Arbeits- und Betriebswelt, die mehr auf die Belange des Einzelnen eingehen
- Freizeit- und Spielbereiche, die mit einem vielfältigen Angebot an Möglichkeiten zur aktiven Erholung anregen

- bis hin zu den Versuchen, bei neuen Wohnanlagen den künftigen Bewohner zum Mitplanen und Mitmachen beim Bau seiner eigenen Wohnung anzuregen

Ein neues Bewusstsein ist im Entstehen; dass wir, „wenn wir weiterleben wollen", an der Gestaltung unserer Umwelt arbeiten müssen und wir dabei als Einzelne oder in kleinen Gruppen vielleicht mehr bewirken können als im Vertrauen auf die Zuständigkeit von Institutionen oder die Macht eines Apparates.
Passivität wird abgelöst von Initiative und Spontaneität.
Wir stellen erfreut und überrascht fest, dass der Mensch viel differenzierter angelegt ist als die Architektur, die wir ihm angetan haben.
Wir werden ihm in Zukunft sicher mehr dabei helfen müssen, seine persönlichen Anliegen in der gebauten Welt wiederzufinden.
Wir stellen fest, dass der Mensch Spielraum braucht und sucht für seine Selbstverwirklichung; wie anders sollten wir uns die Blumenschale auf seinem Balkon, sein Haustier, den Wunsch nach einer Gartenlaube, die jährliche Völkerwanderung zur Ferienzeit erklären?
Wir werden als Architekten wieder lernen müssen, mehr Suchende und Helfende zu sein dem Schwachen, anstelle von „Machern" für das Mächtige.
Wir werden uns lösen müssen von der Vorstellung des Architekten als Oberbefehlshaber, der bestimmt, wie Architektur auszusehen hat und sich hierfür der Fachleute als Zulieferer bedient.
Wir werden wieder innerhalb gegebener Situationen arbeiten müssen, die jeweils andere Bedingungen haben, seien diese räumlich, zeitlich oder im Zusammenwirken der beteiligten Personen.
Wir werden uns wieder darauf besinnen müssen, dass Architektur vor allem zum Nutzen für den Menschen ist und nicht nur als Kunstrichtung, oder gar Mode, angesehen werden kann, dass Architektur zu einflussreich, zu kostspielig und vor allem zu langlebig ist, als dass wir sie der Industrie oder dem Markt zur Lieferung frei Haus überlassen dürfen.
Wir leben in einem Gemeinwesen, das für Freiheit in Verantwortung einsteht.
Dies ist das Wesentliche, das wir bewahren wollen und auf dem wir aufbauen können.
- Mannigfaltigkeit ist unsere Lebensquelle
- Gerechtigkeit durch Ausgleich ist das Regulativ
- Entfaltung der menschlichen Persönlichkeit das Ideal

Diesem Anliegen muss auch unsere Architektur Rechnung tragen.

Sie wird ihrem Platz und ihrer Bedeutung in unserer Kultur erst gerecht werden, wenn sie diese Ideale widerspiegelt.
Wie es ein Idealbild menschlichen Zusammenlebens in der Demokratie gibt, nach dem wir uns, jeder persönlich, immer wieder ausrichten können, wird es auch ein Idealbild der Architektur für diese Gemeinschaft geben, in dessen Rahmen wir nach diesen Idealen leben können.
Dass wir diese Ziele weder im menschlichen Zusammenleben noch in der Architektur ganz erreichen werden, entbindet uns nicht von der Verpflichtung, sie uns und anderen gegenüber ständig anstreben zu müssen.
Wir müssen hoch ansetzen, um unter den Zwängen der Realität nicht zu tief zu fallen.

Wie alles Bedeutsame hat auch die Architektur eine ihr eigene Sprache.
Aus den Architekturen vergangener Epochen spricht deren Kultur.
Unsere Architektur wird die Sprache einer lebendigen Demokratie sprechen müssen.
Sie muss den Sinn der Beziehungen in der Vielfalt der Erscheinungen verständlich machen; sie wird dazu beitragen müssen, die Kluft zu schließen, damit Denken und Fühlen wieder näher zueinanderkommen.
Sinnfälligkeit und damit Verständnis, Verständnis und damit Vertrauen können aber nur gewonnen werden, wenn wir in unseren Bauten die Identität von Inhalt und Ausdruck erreichen.
Wir sollten in ihnen die Tugenden unseres Zusammenlebens wiedererkennen.
So wird Wahrhaftigkeit – dem Echten und Gesetzmäßigen verpflichtet – in der Eindeutigkeit und Unverfälschtheit, im ursprünglichen Sinne „Radikalen", in unserer Architektur zum Ausdruck kommen.
Aus der Verantwortlichkeit heraus – das Starke nicht übermächtig werden zu lassen, um dem Schwachen eine Überlebenschance zu geben und dem Entstehenden Raum zur Entfaltung – sollte unsere Architektur nicht gewalttätig, sondern ausgleichend und rücksichtsvoll sein.
Die Wahrung der Kontinuität – des lückenlosen Zusammenhangs – wird in unserer Architektur das Gewebe der Beziehungen unserer Lebensvorgänge zu Raum und Zeit und die Beziehung jedes Teils zum Ganzen bewusst machen.

Die Vielfalt – als Antwort auf die Mannigfaltigkeit unseres Lebens im Einzelnen und in der Gemeinschaft – wird unsere Architektur jeweils verschieden interpretieren, sie wird Spielraum lassen für Spontaneität, für unvorherbestimmte und überraschende Initiativen und Ereignisse.

Wir erkennen, dass das Gebaute eine Sprache spricht, ob wir wollen oder nicht – vulgär oder nobel, klar oder verworren, befehlend oder behutsam –, und dass dem Menschen sich diese Sprache, wenn auch vielleicht unbewusst, mitteilt.

Wenn wir uns fragen, wie wir die gemeinsam angestrebten Ziele durch die Architektur verwirklichen können, werden wir nach Mitteln suchen müssen, die uns bei der Verwirklichung helfen können.

Wie die Sprache aus Wörtern besteht, die nach den Regeln der Grammatik zu Sätzen verbunden werden, könnte man, übertragen auf die Architektur, in dem Reservoir der Materialien und Baustoffe gleichsam den Wortschatz sehen, im Zusammenfügen der Materialien zu Konstruktionen gleichsam die Grammatik.

Die richtige Anwendung der Grammatik in Sätzen ergäbe, wiederum im übertragenen Sinn, richtig und sauber konstruierte Bauten; und wie eine Sprache erst aus der sinnvollen Anwendung und Zusammenführung von Sätzen entsteht, so wird auch ein Bauwerk erst zu Architektur durch eine sinnvolle Übereinstimmung von architektonischer Aufgabe und Konstruktion.

Viele andere Einflüsse und Mittel werden diese Absicht steigern oder abschwächen, so zum Beispiel personelle, organisatorische, finanzielle, ausführungstechnische Voraussetzungen.

Vom ausgewogenen Zusammenspiel all dieser Einflüsse wird letztlich die Qualität des Gebauten abhängen; wo ein Faktor „durchschlägt", wird sich das Gewicht auf seine Seite verlagern.

Wenn das Anliegen, und daraus die architektonische Absicht, stark und überzeugend ist, werden die Mittel eine dienende Rolle haben; wo das Anliegen dagegen vordergründig ist, werden die Mittel dominieren.

Hierzu sagt Le Corbusier in seiner „Poesie des Bauens":

„Fast alle Perioden der Architektur waren mit Fragen der Baumethode verbunden, deswegen hat man immer wieder den Schluss gezogen, dass die Architektur sich schon mit der Konstruktion, dem Bauen selbst deckt. Es ist durchaus möglich, dass die Probleme des Architekten grundsätzlich technische Probleme des Bauens waren. Das ist aber noch lange kein Grund, um hier eine Verwechslung zu begehen.

Es ist klar, dass der Architekt die Bautechnik beherrschen muss, wie der Denker die Grammatik. Dabei ist die Bautechnik eine Wissenschaft, die in ganz anderer Weise schwirig und komplex ist,
als die Grammatik; darum sind auch die Anstrengungen des Architekten in dieser Richtung viel größer; aber man darf nicht dabei verharren."
Unsere Architektur wird durch die Natur der Materialien und ihre charakteristischen Eigenschaften mitbestimmt.
Wir werden deshalb versuchen, ihre ursprünglichen Eigenarten und Gesetzmäßigkeiten unverfälscht, an sich und eingebunden in den Konstruktionen zum Ausdruck zu bringen.
Das Wesen der überkommenen, „natürlichen" Baustoffe Stein, Holz werden wir mit dem Wesen der neu hinzugekommenen, „künstlichen" Baustoffe Beton, Metall, Glas, Kunststoff in Einklang bringen müssen, denn es gibt weder zeitgemäße noch unzeitgemäße Materialien.
Erst ihre Anwendung im Rahmen einer architektonischen Konzeption zeigt, ob wir ihr Wesen verstanden haben.
Frank Lloyd Wright schreibt darüber in seinem Buch „Das natürliche Haus":
„Ich aber lernte, einen Ziegel als Ziegel zu sehen. Ich lernte Holz als Holz und Beton, Glas oder Metall jedes für sich und als das zu sehen, was es war. […] Ein jedes Material bedurfte anderer Behandlung, und jede andere Behandlung wie auch jedes andere Material ergab neue Gebrauchsmöglichkeiten, die der Natur eines jeden eigentümlich war."
Wir kennen handwerkliche Konstruktionen, überwiegend aus natürlichen Materialien, die mit der Hand oder mit einfachen Hilfsmitteln zusammengefügt sind.
Sie sind die Endprodukte Jahrtausende alter Erprobung und Erfahrung.
Wir kennen auch relativ „junge" Konstruktionen mit neuen, künstlichen Materialien, mit denen wir in Verbindung mit maschinellen Hilfsmitteln neue, bis dahin unbekannte Dimensionen und Wirkungen erreichen können.
In jedem Fall werden wir die Mittel ins richtige Verhältnis setzen müssen zur angestrebten Wirkung, um Unstimmigkeiten, in architektonischer wie in technisch-ökonomischer Hinsicht, zu vermeiden.
Konstruieren ist an sich weder gut noch böse, solange es sich ausschließlich im bautechnischen Bereich bewegt.
Ob gewollt oder nicht, wird aber jede Konstruktion Nebenwirkungen haben; sie kann sich dem Beschauer mächtig, zierlich, dick, schwer oder leicht darstellen.

In großen Kulturepochen entstanden aus bestimmten Anliegen hierfür geeignete Konstruktionen und damit Formen; so wurde zum Beispiel die Kuppel ein Sinnbild des Himmels und nicht von ungefähr ging die typische Dachform des japanischen Hauses in die japanische Schrift als Zeichen für „Haus" ein.

Wenn wir in der heutigen Architektur eine ähnliche Sinnfälligkeit erreichen wollen, wird auch der Konstruktion im architektonischen Bereich eine über das Technische hinausreichende Bedeutung zukommen.

Wir könnten in der architektonischen Konstruktion gleichsam eine „Gesellschaft" an sich selbstständiger, aber im konstruktiven Gefüge gegenseitig auf sich bezogener, zusammenwirkender Teile sehen.

Wir erkennen, im übertragenen Sinn, darin wieder das Bild einer Gemeinschaft, in der jeder als Individuum geachtet ist und jeder dem anderen hilft zu einem gemeinsamen Ziel.

Architektonische Ordnung zieht also konstruktive Ordnung nach sich. Genauso wenig wie der Entwurf einer architektonischen Konzeption nicht als ein „knochenloses" Abstraktum aufgefasst werden kann, ist die Konstruktion nicht lediglich Hilfsmittel, um etwas „zum Halten" zu bekommen.

Paul Schmitthenner sagte: „Es gibt kein Konstruieren ohne Gestalten und es gibt kein Gestalten ohne Konstruieren."

Wir haben eingangs versucht, die ideellen Werte unseres Zusammenlebens – etwa Wahrhaftigkeit, Verantwortlichkeit, Vielfalt, Kontinuität – in die Sprache unserer Architektur zu übersetzen, um hieraus wiederum die Grundlage zu finden, auf der Architektur in unserem Lebensraum entstehen kann.

Wir haben weiter festgestellt, dass Materialien und Konstruktionen, über ihren rein technischen Zweck hinaus, Wesen und Eigenarten in sich tragen, deren Wirkung das Bild und damit das Verständnis der Architektur mitbestimmen.

Lassen Sie mich nun versuchen, dieses Zusammenwirken an einigen Beispielen zu erklären, nicht als Rezepte, sondern in Gedankenketten, lediglich um Tendenzen für die Anwendung der Mittel für diese Themen zu zeigen.

Nehmen wir also zum Beispiel das Thema „Öffentlichkeit".

Hier könnte die Architektur ausdrücken: Offenheit für viele und Vieles, mitteilend, einladend, freundlich, und so weiter.

Die architektonischen Maßnahmen hierfür wären: Durchlässigkeit für Auge, Verstand und Gefühl; Übersichtlichkeit, Erlebbarkeit, Ablesbarkeit der Beziehung des Teils zum Ganzen.
Die Kriterien hieraus für Materialien und Konstruktionen wären: überwiegend durchsichtig, offenliegend, gegliedert, den „Dienst" jedes Teils ablesbar machend.
Also sicher kein monolithischer, nach außen hin abgeschlossener Block; sondern eher ein Gewebe, zwischen außen und innen vermittelnd.
Oder, auf der anderen Seite, das Thema „Privatheit". Hier könnte die Architektur ausdrücken: nichtöffentlich, individuell, Heimat im engsten Sinne, Schutz vor Störung, nicht von außen festgelegt, sondern vom Einzelnen beeinflussbar.
Die architektonischen Maßnahmen hierfür wären: eigenartig, unverwechselbar, persönlich, wohnlich und nicht nur bewohnbar, einrichtbar.
Die Kriterien hieraus für Materialien und Konstruktionen könnten sein: raumumschließend, auf den Einzelnen bezogene Materialien und Dimensionen und so weiter.
Wir könnten diese Gedankenketten auch für spezifischere Themen durchspielen, zum Beispiel Sport, Freizeit, Arbeit, Besinnung.
Bis zu Bauaufgaben im Einzelnen: Kindergarten, Schule, Altersheim, Bahnhof, Kirche und so weiter.
Demzufolge dürfte ein Kindergarten nicht wie ein Altersheim, ein Bahnhof nicht wie eine Kirche aussehen.
Die jeweiligen Gegebenheiten und Einflüsse einer jeweils in sich anders gearteten Situation, auch innerhalb eines Themas, werden und müssen also in die Wirklichkeit des Bauwerks eingehen.
Um das Bauwerk im Ganzen verständlich zu machen, müssen auch seine einzelnen Teile jeweils im größeren Zusammenhang verständlich sein.
Sie sollen so deutlich wie möglich zeigen, welchen „Dienst" sie tun.
Nehmen wir hierzu als Beispiel die „Wand".
Sie könnte uns zeigen, ob sie nur schützen soll vor Blicken; dann könnte sie leicht, vielleicht beweglich und auch noch durchscheinend, aber nicht durchsichtig sein. Sie könnte also ähnlich dem japanischen „Shoji", ein mit lichtdurchlässigem Material bespannter Rahmen sein. Sie muss also in dieser Funktion nicht „Mauer" sein.
Wenn die Wand aber schützen soll vor Lärm, dann muss sie dicht, schwer und geschlossen sein; ebenso, wenn sie, wie im Massivbau, Schützen und Tragen in sich vereinigt.

Durch diese Möglichkeit, die Bauteile so auszubilden, dass sie genau das ausdrücken, was sie „tun", erreichen wir eine Eindeutigkeit und Verständlichkeit, die wir aufgeben, wenn wir die einzelnen Funktionen in einem Paket zusammenfassen, was manchmal zwar technisch einfacher und vielleicht auch billiger sein mag.
Wir können aber unsere Überlegungen noch weiterführen.
So bleibt zwar zum Beispiel Glas, im materiellen Sinn, immer Glas; es ändert aber seine Bedeutung je nach dem, in welcher Absicht wir es in einer jeweiligen Aufgabe einsetzen: einmal, als Fensterscheibe in einem üblichen Fenster, das uns Licht in einem Raum bringen soll;
einmal als gläserne Haut, die uns eine nahezu vollkommene Verbindung zwischen Außen und Innen ermöglicht.
Eine Stütze bleibt zwar immer Stütze im technisch-konstruktiven Sinn; wir werden sie aber unterschiedlich betrachten und ausbilden müssen, je nachdem, ob sie in einem Wohnhaus oder in einer Fabrikhalle steht; sie wird in einem jeweilig anderen architektonischen Zusammenhang eine jeweils andere Bedeutung bekommen.

Die Zusammenarbeit zwischen Architekten und Ingenieur

Das Ideal des Ingenieurs wird es in der Regel sein, sozusagen wie ein Rennfahrer, die „Ideallinie" seiner Konstruktion zu finden, im Bestreben, alle passiven Elemente auszuschalten, die deren Leistungsfähigkeit beeinträchtigen; denken wir zum Beispiel an die Gittermasten von Hochspannungsleitungen, an Hängebrücken, an die extrem dünnen Stahlbetonschalen oder an die Gitterkuppeln B. Fullers, Bugmünster, aber auch an Rennwagen oder Flugzeuge – alles Konstruktionen, die „Höchstleistungen" des Stützens, Tragens, Spannens – aber auch der Geschwindigkeit oder Sicherheit – mit einem Minimum an materiellem Aufwand zu erreichen suchen.
Hier können wir als Architekten vom Ingenieur viel lernen.
Der Architekt muss aber den vielerlei Schichten einer architektonischen Aufgabe Rechnung tragen, das heißt er wird auch vom Ingenieur Phantasie und Beweglichkeit beim Gebrauch seines Repertoires im architektonischen Bereich erwarten.
Der Ingenieur denkt vorwiegend in Konstruktionen; der Architekt in erster Linie in Situationen.

Das Zusammenspiel der Disziplinen wird dann gelingen, wenn aller notwendigen Spezialisierung das Ziel der ganzheitlichen Lösung der Bauaufgabe voransteht.
Dies erfordert gegenseitiges Verständnis der jeweiligen Anliegen; was wiederum zumindest eine Grundkenntnis des Gebiets der jeweils anderen Seite voraussetzt.
Hier, meine ich, könnte aus der Sicht der Praxis noch manches besser werden.
Ich habe bis hierher versucht, Ihnen zu erläutern, wie Probleme der Architektur und der architektonischen Konstruktion aus einem größeren Zusammenhang abgeleitet werden könnten.
Ich will nicht behaupten, dass dies der einzig gangbare oder gar beste Weg sei, um heute zu Lösungen im architektonischen Bereich zu kommen.
Bekanntlich führen ja mehrere Wege nach Rom, nur meine ich: Es müssen gangbare Wege sein.

Die Rolle des Handwerks, der Industrie, des Marktes

Welchen Beitrag können wir in diesem Rahmen vom Handwerker, von der Industrie, vom Markt heute erwarten?
Hier müsste die Frage zunächst an uns selbst gehen, ob wir als Architekten nicht ureigene Bereiche des Handwerks in den letzten Jahren allzu leichtfertig und fortschrittsgläubig aus unseren Planungen gestrichen haben, um sie der leistungsfähigeren Bauindustrie und ihrem Markt anzutragen und ob unsere Planungen nicht inzwischen so reduziert und „glatt" geworden sind, dass der Handwerker keine Chance mehr hat gegen die Perfektion der Maschine und er deshalb zurücktreten muss oder handwerklich sozusagen „verwildert".
Wir sind uns der Probleme bewusst, dass Handarbeit oft länger dauert, teurer und weniger exakt ist, man könnte aber dagegenhalten, dass sie vielleicht dadurch langlebiger und wertvoller ist.
Wir werden in unseren Aufgaben und mit der Art unserer Planung wieder Bereiche auftun müssen, in denen die handwerkliche Qualität, in Verbindung mit natürlichen Materialien, wieder zu einer Bereicherung unserer Architektur werden kann.
Jedem kann Rechnung getragen werden: der Industrie im weiten technischen Bereich, dem Handwerk aber vor allem in den Bereichen, mit denen der Mensch in unmittelbare Berührung kommt.

Das Verlangen nach Natürlichem und Handwerklichem existiert.
Es ist deshalb nicht einzusehen, dass wir uns mit Produkten umgeben sollen, die sich natürlich und handwerklich geben, in Wirklichkeit aber vom Fließband kommen; genauso, wie wir uns ganz selbstverständlich und mit Recht darüber beschweren würden, wenn Ei wie Gemüse und Huhn wie Fisch schmeckte.
Geschmacklosigkeiten, die wir bei Konsumgütern vielleicht noch hinnehmen, sind in der Architektur gefährlicher, weil sie über die Gewöhnung allmählich zum Verlust des Geschmacks führen.
Besonders aktuell ist dieses Problem in einem anderen und noch wiederzuentdeckenden Gebiet des Handwerks; ich meine, die Wiederherstellung alter Bausubstanz wie auch das Bauen überhaupt im dörflichen und ländlichen Bereich.
Hier könnten wir in handwerklicher Umgebung dem Handwerker vertrauen, dass er, im Gegensatz zur Industrie, aus seiner Tradition heraus und in Originaltreue, ohne auf die Applikationen eines zweifelhaften Heimatstils angewiesen zu sein, zu überzeugenden Leistungen fähig wäre.
Vielleicht könnten wir dann noch erreichen, dass die Türdrücker, die der Markt uns zu liefern hätte, nicht rechteckig wären und das schmiedeeiserne Gitter am Fenster nicht vom nächsten Supermarkt kommt.

Die Rolle der Ausbildung

Lassen Sie mich abschließend noch einiges zur Architektenausbildung sagen, und zwar ebenfalls aus der praktischen Erfahrung heraus.
Architekten können nicht erwarten, dass ein Diplom-Ingenieur, der nach dem Studium ins Büro kommt, sozusagen ein „fertiger Mann" ist.
Wir sind sicher froh, wenn ein junger Mitarbeiter mit Aufgeschlossenheit und Ausdauer an die tatsächlichen Aufgaben geht; wenn er vielleicht schon während seiner Ausbildungszeit einige Büroerfahrung gesammelt hat; und vor allem, wenn er seine Arbeit als Beruf und nicht als Job auffasst.
Ich betrachte, rückblickend, das Studium als eine Zeit des Sich-vertraut-Machens mit den geistigen und materiellen Grundlagen; nicht vordergründig orientiert an der jeweiligen Marktlage oder am Trend.
Ich könnte mir vorstellen, dass der Studierende in dieser Zeit Gelegenheit hat zu lernen, eher von innen nach außen, als umgekehrt, zu denken und zu planen; dass er, über Zeichenbrett und Reißschiene hinaus, ein Gefühl dafür bekommt, wie Konstruktion und architektonisches Konzept

zusammenkommen, Schritt um Schritt; und dass Architektur keine flächige, sondern räumliche Angelegenheit ist.

Wenn er dann im Laufe seiner Praxis erkennt, dass jeder Strich auf dem Papier etwas bedeutet und am Bau zur harten Tatsache wird, für die er mitverantwortlich ist, und wenn er sich darüber bewusst ist, dass er nie auslernen wird, dann, glaube ich, ist er auf einem guten Weg.

Er wird sich dann sicher oft fragen müssen, zu was er bereit ist; manchmal aber auch, zu was er sich, aus seiner inneren Haltung heraus, nicht bereit erklären kann.

Er wird mit Geduld, Geschick und Beharrlichkeit versuchen müssen, Ziele zu erreichen, auf die Gefahr hin, dass er als unbequem gilt.

Er wird sich gegen die schlimmsten, weil alltäglichen Feinde – Gewohnheit und Routine – durchsetzen müssen.

Vielleicht wird es ihm dann gelingen, innerhalb unseres Lebensbereichs beizutragen zu einer beziehungsreicheren und menschlicheren Architektur.

1. Fachkongress „Innovatives Bauen mit Glas"

Bauzentrum München, 5./6. Mai 1993

Transparenz und Tageslicht
Zu neueren Arbeiten der Architekten Auer + Weber (Auszug)

Wenn unsere Projekte und Realisierungen schon immer gekennzeichnet waren durch einen mehr oder weniger starken Grad der Entmaterialisierung, so mag der Beweggrund hierfür zum geringeren Anteil in der ausreichenden Versorgung des Gebäudeinneren mit Tageslicht liegen. Diese Kriterien sind selbstverständlich und als solche in Vorschriften und Empfehlungen weitgehend geregelt.
Was uns noch mehr am Herzen liegt, ist die Transparenz der Baustruktur, die materielle Auflösung dreidimensionaler Baumassen in lineare und flächige Komponenten, die uns mit der Entwicklung immer leistungsfähigerer, nicht nur lastabtragender Baumaterialien zunehmend gegeben ist.
Diese Transparenz, die eine optische und eine sinnlich-verstandesmäßige Komponente hat, kann helfen, den inneren Aufbau, die Logik des Bauwerks, als Erfahrungskomponente in das Raumerlebnis einzubringen, um so zu einem erweiterten Verständnis von Architektur zu kommen, vergleichbar mit dem Verfolgen der Partitur parallel zur Wiedergabe eines musikalischen Werks.
Darüber hinaus ermöglicht diese innere, bauwerksbezogene Transparenz die Umwandlung statischer Masse in offene, dynamische Strukturen, eine membranartige Minimierung der Gebäudehülle mittels großflächiger Verglasungen für eine großzügige Verbindung zwischen Innen und Außen. Das Innere bleibt dabei nicht ausschließlich Inneres, ist somit nicht exklusiv, sondern bezieht das Äußere, die Außenwelt, als wechselnde und anregende Komponente in das Innere ein. Umgekehrt teilt sich das Innere nach außen mit, gibt sich offen, wird öffentlich. Auf diese Weise werden Grenzen aufgehoben, die in der klassischen Architektur bewusst inszeniert wurden und im anonymen Bauen notwendigerweise als physische Gegebenheiten akzeptiert werden mussten.

Während in der klassischen Architektur Grenze Fassade bedeutete und damit Postulat und Distanz gegenüber dem Gemeinen der Straße, bildete der Raumabschluss im anonymen Bauen zwangsläufig den Schutzmantel gegen die klimatischen Einflüsse und Bedrohungen von außen.
Verbunden mit dieser Auflösung und Verschmelzung von Innen und Außen ist der ideelle Wunsch nach Ausgleich und Versöhnung zwischen Innen- und Außenwelt, zwischen der Natur des Orts und der Künstlichkeit des Gebauten: individueller Lebensraum nicht als Ausschnitt aus dem universellen Raum, sondern als durch Gebautes organisierter und dadurch auf Zeit wohn- und nutzbar gemachter Teil dieses universellen, uns unendlich umgebenden Raums. Dies ist der grundlegende Unterschied zwischen Baukörper als Raumverdrängung und Baustruktur als Raumgliederung.
Mit „Eingefriedetsein in das Freie" hat Martin Heidegger dieses Gefühl der Geborgenheit in Freiheit ausgedrückt. Das jeweils zumutbare Verhältnis zwischen Offenheit und Abgeschlossenheit, Öffentlichkeit und Privatheit, Exponiertheit und Geborgenheit muss sorgfältig ausgewogen werden, um keine Verhaltenszwänge zu provozieren.
In diesem Zusammenhang soll auch darauf hingewiesen werden, dass mit zunehmendem Verglasungsanteil der Gebäudehülle vor allem bezüglich des sommerlichen Wärmeschutzes Probleme beim Raumkomfort auftreten können. Um diese Gefahr des Treibhauseffekts auszuschließen, müssen folgende Grundbedingungen erfüllt sein:
- optimale Verschattungsmöglichkeit der besonnten Glasflächen auch bei stärkeren Windbewegungen
- möglichst hoher Anteil an inneren unverbauten Speichermassen zur Dämpfung der Temperaturspitzen
- ausreichende Querlüftung vor allem während der kühleren Nachtstunden, zur Abkühlung der tagsüber erwärmten Speichermassen.

In letzter Zeit sind die Komponenten Transparenz und Tageslicht über das Medium der Verglasung zu einem zwar bereits aus dem Gewächshausbau bekannten, aber bisher nur dort angewandten und ansonsten als störend empfundene Wirkungspaar zusammengeführt worden.
Über das Mittel der passiven Energiegewinnung aus Transparenz und Tageslicht, auch als ökologisch orientierte Zukunftsmaßnahme, wird im Verlauf dieses Kongresses von anderer Seite mehr zu hören sein.
Ich werde auf diesen Aspekt am Ende der nun folgenden Beispiele zurückkommen.

Subzentrum Flughafen München 2, 1991
(Abb. S. 127 und 213)

In den Anlagen des neuen Münchener Flughafens soll die Problematik, die ein technisches Projekt dieser Größenordnung in einer vorwiegend agrarisch geprägten Landschaft wie dem Erdinger Moos zwangsläufig auslöst, bewusst bleiben.
Ebene, Weite und Offenheit gelten für das landschaftliche Umfeld wie für den Flughafen gleichermaßen. Diese Merkmale werden deshalb, wenn nicht zum versöhnenden, so doch zum verbindenden Element zweier an sich so unterschiedlicher Welten.
Die Komponenten des Subzentrums Verwaltungsgebäude der Flughafenverwaltung, Kantine mit Zentralküche und Freizeitbereich, Fußgängersteg zur S-Bahn und anteilige Freibereiche – werden als Teile der Flughafen-Gesamtanlage verstanden, deren Wertigkeit aber entsprechend ihrer Funktion, Größenordnung und räumlichen Disposition im Gesamtplan dem Anspruch des Terminals als Zielpunkt des öffentlichen Interesses nachgeordnet sind.
Das Subzentrum ist, wie der gesamte Flughafen, eine technische Dienstleistungseinrichtung. Dieses dienende Moment sollte in allen Bereichen mitsprechen im Sinne der ursprünglichen thematischen Gestaltungsvorgaben von Otl Aicher und Günter Grzimek: „Flughafen in der Landschaft, im Grünen – der Münchner Flughafen".
Der Flughafengesamtplan ist biaxial-orthogonal angelegt und auf diese Weise offen für künftige Entwicklungen in Richtung beider Achsen.
Dieses Ordnungsprinzip wird im Subzentrum übernommen; die Weite der Landschaft wird durch die flächige Ausdehnung der Baulichkeiten und Betonung der Horizontalen beantwortet; sie werden nicht als kompakte Volumen, sondern als Schichtung verschiedener Nutzungsebenen verstanden.
Um die Dominanz der Landschaftsebene zu verdeutlichen, ist die Erdgeschoßebene der Gebäude gegenüber dem vorhandenen Geländeniveau angehoben; die gebauten Ebenen scheinen auf diese Weise über der Landschaftsebene zu schweben.
Um das Prinzip der horizontalen Schichtung von Ebenen zu verstärken, sind die Außenflächen der baulichen Volumen durch transparente bzw. entsprechend getönte Verglasungen weitgehend entmaterialisiert.
Vorgehängte Wartungs- und Beschattungsvorrichtungen aus Rosten, Jalousien und Markisen schaffen abgestufte Übergänge zwischen Innen-

und Außenraum, die das Erscheinungsbild der Baulichkeiten je nach Jahreszeit und Sonnenstand verändern.

Das dem Verwaltungsgebäude zugrundeliegende orthogonale Organisationsschema erlaubt sowohl die geforderte Flexibilität und Variabilität im Inneren als auch die lineare Erweiterbarkeit im Äußeren. Die Erschließung der verschiedenen Abteilungen innerhalb dieses Systems sowie der sich daran anschließenden Sonderbereiche für Konferenzen und EDV/Schulung erfolgt über eine die gesamte Länge der Anlage durchziehende gläserne Halle, an die die Büroebenen zu beiden Seiten „angedockt" sind. Die Arbeitsdecks sind im Luftraum der Halle durch leichte federnde Stege und Treppen miteinander verbunden, von denen sich vielseitige, je nach Position im Raum wechselnde Beziehungen aufbauen zwischen den angrenzenden Arbeitsebenen, den die Halle erweiternden Innenhöfen und dem freien Außenraum mit dem Aussichtshügel des Besucherparks als Zielpunkt der verlängerten Hallenachse.

Die Unterkonstruktion aller Außenflächen bilden im Inneren sichtbar belassene, verzinkte PE-, U- und T-Profile mit einem Achsmaß von I,20 m für die Arbeitsbereiche und die vertikalen Teile der Hallen, und einem Achsmaß von 0,60 m für die Schrägverglasungen des Hallendachs und der Oberlichtbänder in den Dachflächen der Arbeitsbereiche.

Alle Verglasungen sind als Wärmeschutzverglasungen ausgeführt.

In den Flurbereichen der obersten Geschoßebene wurden bereits im Rohbau Glasbausteinelemente eingelegt, die das über die Oberlichtbänder einfallende Tageslicht in die Flure der unteren Arbeitsebene weiterleiten.

Die Schallschutzverglasungen der Raumabschlüsse zwischen Flur und Büros sowie zwischen den Büros, die im Übrigen keinen einschränkenden Bedingungen bezüglich des Brandschutzes unterliegen, tragen dazu bei, die Elemente des Rohbaus gegenüber denen des Ausbaus optisch abzusetzen.

Die Gebäudegruppe der Kantine mit Küche und Freizeiteinrichtungen ist als Ort der Kommunikation und Erholung vorwiegend eingeschossig angelegt. Lediglich die Sport und Mehrzweckhalle reicht aufgrund der erforderlichen Raumhöhe bis ins Untergeschoß.

Vom Eingangsbereich der Kantine, dessen Freiterrasse sich auf eine großzügige Wasserfläche orientiert, werden alle Bereiche für Gastronomie, Sport und Freizeit erschlossen. Die Aufenthaltsbereiche im Inneren sind über die transparente Außenhülle intensiv mit der Flughafenlandschaft verbunden.

Das räumliche Angebot wird ergänzt durch die Einbeziehung der Dachebene über der Eingangshalle als Galerie in den Luftraum der Kantine und Mehrzweckhalle.

Das Gesamtbild des Subzentrums wird wesentlich mitbestimmt durch das bewusst in Szene gesetzte Spannungsverhältnis zwischen dem auch in seinen Unzulänglichkeiten sichtbar belassenen Rohbau aus Stahlbeton und verzinktem Stahl und den vom Rohbau abgesetzten, präzise ausgearbeiteten Elementen der technischen Gebäudeausrüstung und des Innenausbaus aus Buchenholz, natureloxiertem Leichtmetall, Schurwollbodenbelägen, speziell entworfenen Sondermöbeln und -armaturen.

Zwischen Verwaltungsgebäude und Kantine bildet sich, im Schnittpunkt der verschiedenen Wegeverbindungen, ein gemeinsamer Vorplatz. Ein pergolaartiges Stahlgerüst, auf einem Grundraster von 3,60 x 3,60 m, das in Teilbereichen horizontal verglast ist, in anderen Bereichen als Rankgerüst für Begrünung dient, verbindet die beiden Gebäudegruppen miteinander. Die Tragkonstruktion der Pergola besteht aus Kreuzstützen, die aus vier L-Winkeln gebildet waren. Zwischen diese Winkel können je nach Bedarf horizontale Träger aus zwei L-Winkeln eingeschraubt werden, die den Grundrahmen für die Aufnahme der Glasscheiben bilden. Über die Diagonale wird der gleiche Horizontalträger verwendet, der wegen seiner größeren Spannweite mit einem zusätzlichen Rundstab unterspannt ist. Das aus Stütze und horizontalen Trägern entstehende Grundmodell kann beliebig aneinandergesetzt werden.

Als horizontale Verglasung sind über Distanzbolzen aus Edelstahl 3,60 x 1,80 m große, 12 mm dicke ESG-Scheiben ohne Rahmen aneinandergefügt. Die Stöße sind mit Silikon abgedichtet.

Ein 263 m langer Fußgängersteg verbindet die Einrichtungen des neuen Flughafens nördlich und südlich der Hauptzufahrtsstraße sowohl miteinander als auch mit der S-Bahnstation der Flughafenlinie. Am S-Bahnhaltepunkt wird der horizontale Steg durch ein segmentbogenförmiges Kupplungsstück mit den Auf- und Abgängen zu den Bahnsteigen überlagert und auf diese Weise eine gedeckte Verbindung zu den beidseitig anschließenden Bahnsteigüberdachungen hergestellt. Entsprechend der Bedeutung dieser Station wurde anstelle des üblichen Bundesbahn-Bahnsteigdachs eine Sonderkonstruktion entwickelt. Der Fußgängersteg ist als technisches „Gerät" konzipiert, das klar über der Landschaftsebene aufgeständert ist. Durch die filigrane, knapp

dimensionierte Stahlkonstruktion und die transparente Wetterschutzhülle konnte das gesamte Bauwerk bis aufs äußerste entmaterialisiert werden. An den auskragenden Schwertern der Querträger sind kreisbogenförmige Rippen aus 2 x U 100-Stahlprofilen zur Aufnahme der Verglasung angebracht. Die U-Stahlprofile wurden mit speziell dafür eingerichteten Maschinen kaltverformt, wobei, als besonderer Schwierigkeitsgrad, wegen des anzustrebenden exakten Radius in der Steg- und nicht in der Flanschachse gebogen wurde. Die U-Profile eines Feldverbunds sind abwechselnd fest miteinander verbunden oder als Dehnungsfuge ausgebildet. Die Haube im Scheitelpunkt des röhrenförmigen Querschnitts dient statisch als Druckstab in der Längsrichtung, unter ihr ist die Beleuchtung angebracht.

Die Verglasung aus gebogenem Einscheiben-Sicherheitsglas – in den Seitenbereichen 10 mm, im Dachbereich 12 mm dick – ist mit Punkthaltern über Druckscheiben beweglich befestigt. Während die Stöße der Glasscheiben mit Silikon abgedichtet sind, ist der Übergang zwischen Dach- und Seitenverglasung zur Belüftung offen, wobei die Dachverglasung über den Rippen des Tragwerks, die Verglasung der Seitenbereiche innen liegt. Portalförmige Reinigungsbrücken fahren auf Rohr- und U-Profilen, die an den Enden der Querträger des Stegtragwerks angebracht sind.

Durch die weitgehende Verwendung klar durchsichtiger Verglasungen für die Wetterhülle bleibt die strukturelle Qualität und Leichtigkeit des Stegs erhalten; das Gefühl, sich während des Begehens gleichsam schwerelos durch die Luft zu bewegen und dabei mit der Welt außerhalb der Röhre verbunden zu bleiben, macht den Weg über den Steg zu einem dem Thema Flughafen adäquaten Erlebnis.

Parkcafé im Schlossgarten Ludwigsburg, 1992
(Abb. S. 137, 6/7)

Im Hinblick auf die Gesamtkonzeption „Oberer Ostgarten" im Schlosspark Ludwigsburg, die eine Wiederherstellung des unter Herzog Friedrich I. um 1810 angelegten Spielgartens zum Ziel hat, wurde das bestehende Parkcafé, ein Provisorium aus den 1950er-Jahren, durch einen Neubau ersetzt, der die Ruine eines antiken Viadukts und das historische Spiel- und Gärtnerhaus räumlich und nutzungsmäßig miteinbezieht und damit dieses ungewöhnliche Ensemble für das Erlebnis des Parks reaktiviert.

Das nur zwischen Frühjahr und Herbst betriebene Café bietet im Selbstbedienungsbereich 120 Plätze im Inneren und 170 Plätze im Freien, 40 Plätze werden im bedienten Bereich des Spielhauses angeboten. Die Gesamtanlage gliedert sich in vier Bereiche:
- Gastraum des SB-Bereichs mit Free-flow-Anlage und Freisitzfläche
- Betriebsbereich mit Küche, Nebenräumen und Besucher-WC
- Bedienungsrestaurant im renovierten Spielhaus
- Umkleideräume, Personalaufenthaltsraum und Lagerräume

Der Gedanke, der Parklandschaft Priorität vor der Architektur einzuräumen, führte zum Entwurfsthema „Café im Gewächshaus" mit dem Anliegen, die räumliche Grenze zwischen Park und Innenraum durch stufenweise Übergänge von umschlossenen über gedeckte zu offenen Bereichen aufzulösen.

An der Stelle der ehemaligen Räume der Gärtnerei liegt der Betriebsbereich unter einer begrünten, das Geländegefälle nutzenden Terrasse, sodass trotz der relativen Größe dieses Bereichs ein Gebäude im üblichen Sinn vermieden werden konnte.

Das Bedienungsrestaurant im original wiederhergestellten Spielhaus ist über eine „gläserne Fuge" mit dem Betriebsbereich verbunden.

Durch ein Verschwenken des Neubauteils gegenüber den historischen Baulichkeiten richtet sich dieser zum Park aus.

Das Thema „Café im Gewächshaus" wird intensiviert durch die Weiterführung der historischen Weinbergmauern in den Innenraum, die einerseits Sitzterrassen, andererseits gestufte Pflanzflächen bilden, wodurch die vorhandene Höhendifferenz gemildert und die Wechselbeziehung zwischen Innen und Außen verstärkt wird.

Durch großflächiges Öffnen der Glaswand zum Freisitzbereich entsteht zwischen Weinbergterrassen, Spielhaus und Ruine ein großer, zusammenhängender Erlebnisraum.

Der unter Gelände liegende Betriebsbereich ist in konventioneller Ortbetonbauweise erstellt.

Die klimatische Hülle des SB-Gastbereichs in den Abmessungen 28,80 x 19,10 x 3,70–7,20 m ist nach dem Gewächshausprinzip als leichte, insgesamt sichtbar verzinkte Stahlkonstruktion auf einem Konstruktionsraster von 10,825 x 4,00 m ausgeführt. Die vertikalen Verglasungen sind bei einem Scheibenmaß von 0,80–0,90 x bis 3,50 m aus Einscheiben-Sicherheitsglas, die Schrägverglasung der Dachfläche bei einem Scheibenmaß von 0,80 x bis 2,90 m aus Verbundsicherheitsglas.

Das Glashaus ist mit ausreichend dimensionierten Lüftungsflügeln zur Querlüftung versehen.
Als Sonnenschutz dienen stufenförmig ausfahrbare, alubedampfte Bahnen aus Textilgewebe.
Die im Gastraum anstehenden Stützwände aus Ortbeton sind überwiegend mit einer Vormauerung aus Naturstein, den Weinbergmauern entsprechend, versehen; sonstige Innenwände sind in Sichtbeton oder KS-Mauerwerk, zum Teil gefliest, ausgeführt.
Die Böden im SB- und Free-flow-Bereich einschließlich der Freisitzfläche sind mit unregelmäßigen Natursteinplatten, in den Feuchträumen mit Keramikfliesen belegt.

3   „Zwischen Innen und Außen / Grenze und Übergang"

Vortrag in der Reihe „Bauforum" der Staatlichen
Hochbauverwaltung Baden-Württemberg, 2. März 1994

Sehr geehrte Damen und Herren,
liebe Kolleginnen und Kollegen,

zunächst möchte ich mich beim Veranstalter für die Einladung zum
„Bauforum" bedanken. Wie ich verstehe, soll diese Reihe in der Regel
Einblicke geben in die Arbeitsweisen und Produktionen verschiedener
Architekten und ihrer Büros.

Von dieser Regel möchte ich jedoch heute ausnahmsweise einmal
abweichen. Nicht, dass wir aus unserer bisherigen Arbeit nichts
vorzuweisen hätten, was aber andererseits auch wieder als hinlänglich
bekannt vorausgesetzt werden dürfte – schließlich ist ja Ende letzten Jahres
als erster Band der Reihe „Positionen und Projekte" der „baumeister"-
Redaktion ein Buch über unsere Architektengemeinschaft erschienen, das
ich bei dieser Gelegenheit Ihrer Aufmerksamkeit empfehlen möchte.

Ich meinte aber, dass die Gelegenheit, in dieser Reihe zu sprechen,
Anlass sein könnte, uns wieder bewusst zu werden über einen der
elementaren Beweggründe, die primär zum Bauen und unter bestimmten
Voraussetzungen sekundär zur Architektur führen, nämlich die
Auseinandersetzung zwischen Innen und Außen, die sich ausdrückt in den
differenzierten räumlichen Kategorien zwischen Grenze und Übergang.
Dass ich gerade dieses Thema wählte, verweist doch wieder auf ein
Grundanliegen unserer eigenen Arbeit, nämlich die Beschäftigung mit
diesem Grenzbereich. Und die Sie unser bisheriges Werk kennen, werden
unschwer feststellen, dass unsere Auffassung von zeitgemäßer Architektur
auf die Auflösung dieser Grenze als Ausgrenzung, zumal als elitäre
Ausgrenzung zielt; also, die Architektur von ihrem postulierenden und
distanzierenden Sockel herunterzubitten und sie im wahrsten Sinne des
Wortes „zugänglich" zu machen – für die Sinne und den Verstand.

Für diese Vermittlung des Gebauten als Brauchbares im Alltäglichen bedarf es aber eher des verbindenden Übergangs als der trennenden oder gar abweisenden Grenze.

Jetzt, in dieser sogenannten kälteren Jahreszeit, empfinden wir bewusster die beiden Zu stände und unterschiedlichen Qualitäten des Innen und Außen, zwischen warm und kalt, hell und dunkel, geschützt und ungeschützt. Und schon sind wir damit unversehens beim wesentlichen, eben innerlichen Anlass unserer Thematik:
Unser persönliches Befinden im Verhältnis zur Um- und Außenwelt als eine uns lebenslänglich begleitende Auseinandersetzung mit dem, war außer uns, um uns, somit also nicht in uns ist.
Diese menschheitsalte und doch täglich sich wiederholende Geschichte beginnt mit unserer Geburt, dem „Auf-die Welt-Kommen", mit dem ersten Schock des Hinausgeworfen-Seins aus dem wärmenden und nährenden Mutterschoß in ein kaltes, schutzloses Außen, in dem wir uns mit zunehmendem Heranwachsen notgedrungen, aber auch neugierig bis wagemutig einrichten müssen, um selbstständig leben zu können.

Mit der Geschichte des Einrichtens in der Welt beginnt aber auch unausweichlich die Geschichte des Bauens, der Behausung auf Zeit als Manifestation des eigenen „Stand-Ortes", von dem aus alle Unternehmungen ausgehen und zu dem alle Wege und Erkundungen in das fremde Außen wieder zurückführen in das gebaute Innere, das im mindesten zum Haus und im besten zur Heimat wird: Gewöhnung, Gewohnheit und Wohnen sind sich nicht von ungefähr auch im Wörtlichen verwandt; oder wie Otto Friedrich Bollnow dies in seinem Buch „Mensch und Raum" ausdrückt:
„So spiegelt sich in der Doppelbewegung des Fortgehens und Zurückkehrens zugleich eine Gliederung des Raums in zwei Bereiche, von denen ein engerer innerer von einem weiteren äußeren Bereich des Hauses und der Heimat umschlossen wird: Es ist der engere Bereich des Hauses und der Heimat und der weitere Außenbereich, in den der Mensch von hier aus vordringt und aus dem er wieder zurückkehrt.
Die Gliederung in diese beiden Bereiche erscheint als wichtigste im Aufbau des gesamten erlebten Raums".
Wo aber Bauen als Wohnen zur Voraussetzung und Basis menschlicher Existenz im physischen und, auf menschliches Zusammenleben bezogen,

sozialen Raum wird, kommt Architektur ins Spiel als die Erhöhung der Notwendigkeit des Bauens ins Kulturelle.

Wenn wir uns auf die beiden zunächst so eindeutig erscheinenden Begriffe Innen und Außen näher einlassen, kommen wir aufgrund unseres gegenüber früheren Zeiten erweiterten Weltbilds zu durchaus wechselnden Standpunkten. Sind wir in diesem Augenblick, in diesem umschlossenen Raum, tatsächlich „innen", oder sind wir nicht genauso oder viel wichtiger „außen", das heißt räumlich und baulich ausgegrenzt aus dem uns allseits umgebenden universalen Zusammenhang der Welt? Sind die Bilder, die wir hier sehen, Bilder einer äußeren Welt, die wir uns, wie durch ein imaginäres Fenster, bequemerweise nach innen holen, um diese räumliche Ausklammerung zu überwinden?

Diese eng mit dem Bewusstsein des Menschen für sein Verhältnis zur „Welt" zusammenhängende Einschätzung seines jeweiligen Standpunkts und seiner Unterscheidung nach „Innen" und „Außen" hat sich im Bauen und der Architektur über die Jahrtausende jeweils unterschiedlich ausgedrückt, je nachdem, ob der Mensch sich im Gegensatz zu einer Welt fühlte, die ihm im Grunde fremd und unwirtlich bis feindlich gegenüberstand und gegen die er sich somit schützen musste und sie aus diesem „Rückhalt" heraus letztlich zu unterwerfen versuchte; oder ob er mit einer Welt im Einvernehmen, in einer Art Zwiesprache stand, in der er sich begriff als Teil eines Kosmos, von dem seine Lebensqualität abhing, in dem er sich folgerichtig einräumte und damit die Dualität zwischen einem vermeintlichen „Innen" und „Außen" aufgrund seiner erweiterten Erkenntnis der Welt aufhob.

So könnte die Geschichte des Bauens – nämlich den unter den gegebenen Umständen und verfügbaren Mitteln bestmöglichen Kompromiss zu finden zwischen dem Bedürfnis nach Schutz und der Unerlässlichkeit des zeitweiligen Ausgesetztseins zur Lebenserhaltung, des also existenziellen, weil lebensnotwendigen Wechsels zwischen Innen und Außen – mit dem Titel „Der Aufbruch des Menschen aus seiner Höhle" überschrieben werden.

Die Geschichte der Architektur führt jedoch über die des Bauens als bloße Existenzgrundlage hinaus. In ihr spiegelt sich das innere Bedürfnis und die Sehnsucht, aber auch Lust des Menschen wider,

über das „Existenzminimum" hinaus Freiräume zu schaffen für ein gesteigertes Lebensgefühl und somit Selbstbewusstsein, die ihm, in der Dualität zwischen Geborgenheit und Ausgesetztsein, Spielraum zur Entfaltung seiner Persönlichkeit in den erweiterten Grenzen eines von ihm geschaffenen und dadurch ihm vertrauten Territoriums geben. Die Fortsetzung der Geschichte des Bauens in die der Architektur könnte man also mit „Die Ansiedlung des Menschen im Raum" überschreiben.

Diese Entwicklung von der anfänglich tierhaften Beschränkung auf die „Höhle" zu einem dem Menschen und seinen erweiterten physischen und psychischen Bedürfnissen angemessenen Dialog mit dem allumfassenden Raum lässt sich an den Mitteln, die für die Überwindung der Grenze zwischen Behausung als umschlossener Raum und Außenwelt, also zwischen Innen und Außen, im Laufe der Jahrtausende erfunden wurden, anschaulich nachvollziehen.

Aus der Notwendigkeit des Durchschreitens der Schnittstelle Innen–Außen = „Wand" wurde aus dem anfänglichen Schlupfloch die Tür, übrigens im Englischen noch heute die begriffliche Trennlinie zwischen „indoor" und „outdoor".

Aus der Notwendigkeit, Licht und Luft in die Abgeschlossenheit und das Finstere des Inneren zu bringen, entstand aus dem Licht- und Luftloch schließlich das Fenster.

Diese beiden Durchdringungsformen einer ansonsten geschlossenen Wand sind seit den Anfängen der Menschheit bis heute in allen Zivilisationen und Kulturkreisen grundsätzlich dieselben geblieben, sie wurden aber, entsprechend den unterschiedlichen materiellen und ideellen Voraussetzungen und Konventionen, über ihre pure Funktionalität hinaus, als Träger von Botschaften aus dem Inneren an das Äußere, jeweils unterschiedlich ausgebildet und sind so zu wichtigen Erkennungsmerkmalen geworden für die wechselnde Einschätzung des Innen und Außen in den verschiedenen Zivilisationsstufen, Kulturkreisen und Stilepochen.

Aber auch die geschlossene Wand selbst ist mit zunehmendem Anspruch der innewohnenden, an Teilhabe oder Einfluss auf das äußere Geschehen zum Vermittler zwischen innerer und äußerer Vorstellungswelt

geworden, sei es über das Mittel aufgesetzter Gestik im „Gesicht"
des Gebauten, sprich „Fassade", oder der dosierten Durchlässigkeit der
ansonsten geschlossenen Wandfläche für gefiltertes Licht, Ventilation oder
verborgene Blicke.

Der entscheidende Entwicklungsschritt von der „Höhle", das heißt
des bis auf ein Schlupfloch zur Außenwelt durch Umfassungswände
abgeschlossenen Innenraums, erfolgt jedoch mit der Besitzergreifung des
Raums „vor der Höhle", die durch die Anlage einer eingefriedeten oder
auch umwehrten Vorzone vor dem nunmehr zum „Sanktum" gewordenen
ehemaligen Höhlenraum eingeleitet wird. So schuf sich der Mensch schon
frühzeitig einen eigenen Verbindungsraum zwischen Innen und Außen,
indem er den Vorbereich seiner Höhle, jetzt bereits „Haus", bewohnbar
machte, mit der Gewissheit einer notwendigen oder auch freiwilligen
Zuflucht im Rücken; so in der der Tür vorgelagerten und gegenüber dem
Äußeren abgehobenen Schwelle, wie auch im Megaron-Haus und der
vorgebauten Laube; oder durch die Orientierung der innersten Räume auf
einen durch diese umschlossenen „Hohlraum" des dadurch geschützten
Hofs wie zum Beispiel im Peristyl- oder Atriumhaus der Antike, dessen
wesentlichstes Element die den offenen Innenhof umgebende, überdeckte
Säulenhalle war, die als Übergangszone zwischen dem umfriedeten
offenen und dem nach außen allseits geschlossenen Privatraum diente,
ein Element, das noch heute in den Arkaden und Galerien vor allem der
südlichen Städte so lebendig und einladend zu uns spricht.

Dieser eingefriedete Raum unter freiem Himmel, übertragen über die Burg
auf die Polis als Ort und Form des sozialen Zusammenlebens und -wirkens
vieler Einzelner als „Bürger", wurde mit der Zeit zum eingefriedeten
Platz als Bühne für die Begegnung und den Austausch von materiellen
und ideellen Gütern; er bildet somit in höherem Maße den Lebensraum
der Gemeinschaft in Ergänzung zu den sich daran ansiedelnden und ihn
dadurch räumlich bildenden Wohnbereichen des Einzelnen, sozusagen sein
ins Gemeinwesen erweiterter Wohn- und Lebensraum.

Spätestens seit der Antike setzt eine bewusste Auflösung der den
Innenraum umschließenden Außenwand ein, mit der Säule als
wesentlichstem architektonischem Element.

Als eine gleichsam imaginäre und entmaterialisierte Wand, deren Lasten in den Säulen gebündelt sind, wird die Säulenreihe fortan der Inbegriff für Begrenzung und Öffnung in einem:
Die Auflösung der Wand hat nämlich keine Auflösung des Raums zur Folge, da die Grenze des Raums – oder besser gesagt, der Übergang von einer Raumqualität zur anderen – durch die offene Reihung der Säulen verdeutlicht und markiert wird.

So finden wir im klassischen Typus des Tempels drei Raumqualitäten miteinander vereint:
das Freie der Natur, das eingefriedete Freie des Umgangs und die umschlossene Zelle des Heiligtums.

Im gleichzeitig architektonischen wie konstruktiven Element der Säule und ihrer Entwicklung über die Zeiten zur Stütze finden wir eine der wesentlichsten Verbindungen zur Architektur unserer Zeit, die im Zusammenspiel Säule = Stütze mit den „neuen" Materialien Beton, Stahl und Glas bis dato unbekannte Horizonte der Beziehung zwischen Innen und Außen erschloss.
Eine ganz entscheidende Rolle spielte dabei das Material Glas, das zwar seit früher Zeit schon bekannt, aber bis ins Mittelalter eine große Kostbarkeit war und erst mit dem Einsetzen der industriellen Fertigung zu immer größeren und durchsichtigeren Scheiben verarbeitet werden konnte.
Erst dieses wunderbare Material, das Licht und Blick ungehindert passieren lässt, andererseits aber eine wind- und wetterschützende Haut bildet, ermöglichte die Verwirklichung von lichtdurchfluteten Räumen immer größeren Ausmaßes.

Die Säule markiert aber auch gleichzeitig den Scheidepunkt für eine unterschiedliche Entwicklung des Innen-Außen-Bezugs in der mediterranen und der nördlichen Architektur, die zwar auch klimatisch bedingt war, darüber hinaus sich aber aus dem tieferen und unterschiedlichen Verständnis dieser beiden Kulturräume für das Innen und Außen erklärt. Während die mediterrane Architektur den Innenraum als das Innere eines plastischen Bau-„Körpers" begreift, der zwar von Öffnungen durchbrochen, aber durch diese, außer dass deren Anordnung und Ausbildung dem Proportionsschema der Fassade unterliegt, kaum zum Außenraum in aktiven Bezug gesetzt wird, ordnen sich Wand und Öffnung in der

Architektur des Nordens spätestens seit der Gotik einem Raumprinzip unter, das mit geschlossenen und offenen Flächen arbeitet und so gleichermaßen innere wie äußere Räume bildet. Verhältnis und Größe der umschließenden und öffnenden Flächen werden dabei nicht durch die Regeln einer baukörperbezogenen Kompositionslehre, sondern in erster Linie durch die Erfordernisse und Ansprüche an den Raum und seine Beziehung zwischen Innen und Außen bestimmt.

Auf diesem Weg und in dieser Tradition finden wir die gotische Kathedrale, bei der die farbigen Glasfenster die geschlossenen Wandflächen der Romanik bis auf ein Kraftnetz aus steinernen Sehnen ersetzen und den Innenraum in ein überirdisches Licht tauchen;

oder auch die auf die Gassen und Plätze gerichteten Häuserfronten der mittelalterlichen Städte des Nordens, bei denen aus dem gesteigerten Bedürfnis nach Licht und Teilnahme am städtischen Leben die tragenden Teile der Fassade zu einem reinen Fachwerk- oder Steinskelett ausgemagert wurden.

Diese Auflösung der einst massiven Außenwand in eine Raumhülle aus „Stäben und Füllungen" führt wiederum über die in ihrer strukturellen Konsequenz grandiosen Stahl-Glashüllen des beginnenden Industriezeitalters mit den Beispielen des Kristallpalastes, der Maschinen- und Bahnhofshallen und der Galerien des 19. Jahrhunderts in unsere Zeit.

Die Entwicklungsgeschichte der Beziehung Innen–Außen im Bewusstsein unserer Gegenwart wäre jedoch unvollständig ohne die Einbeziehung des fernöstlichen, insbesondere des japanischen Kulturraums. Die Kenntnis hiervon ist noch relativ jung; eigentlich erst im 19. Jahrhundert interessierte sich die westliche Welt für diese völlig andere Auffassung des Innen und Außen, die das meditierende Eins- und Innesein mit der Natur als Lebensphilosophie und Religion zum Mittelpunkt hat und daraus resultierend dessen Ausdruck in der dortigen Lebensform und Architektur.

Das traditionelle Prinzip des japanischen Hauses, das gleichermaßen für den Tempel, den Palast des Kaisers oder das einfachste Bauernhaus gilt, ist ein vom Boden abgehobenes, graziles, flexibles und transparentes Gehäuse aus natürlichen Materialien, überwiegend Holz, Bambus und Papier. Als reiner Skelettbau kennt seine Tragkonstruktion keine schweren Wände und ist klar geschieden von den nichttragenden, lediglich raumbegrenzenden und raumhüllenden Flächen, die als Innen- wie Außenwände überwiegend

aus raumhohen, verschiebbaren Schirmen aus feingliedrig unterteilten, mit Reispapier beklebten oder verglasten Holzrahmen bestehen. Diese Wandschirme und der davorliegende ringsumlaufende Umgang werden durch ein weit überstehendes Dach vor der Witterung geschützt.
Durch Öffnen der Schiebewände können sowohl die Räumlichkeiten des Hauses untereinander als auch der ganze Hausraum mit einem erweiterten, in sich wiederum gegenüber der Öffentlichkeit abgeschlossenen Gartenraum verbunden werden, der ebenso sorgfältig wie der Hausraum konzipiert ist.
Während jedoch der Hausraum durch eine strenge und klare Geometrie der Maße und Proportionen bestimmt ist, folgt der Garten seinerseits dem organischen, naturnahen Gestaltungsprinzip. Aus diesem spannungsvollen Wechselspiel zwischen den unterschiedlichen Eigenarten des Hausraums und des Gartenraums entsteht auf diese Weise und auf kleinstem Raum das Abbild einer Welt im Kleinen, in der die Divergenzen zwischen Innen und Außen, zwischen Geborgenheit und Offenheit, wenn auch nicht aufgehoben, so doch mit höchster Sensibilität miteinander in Einklang gebracht sind und in der der Mensch als Teil des Universums und nicht als dessen Beherrscher „zu Gast" ist.

Wenn wir uns nun die Fortsetzung der Geschichte in die klassische Moderne vergegenwärtigen, die auch im Wesentlichen meinen architektonischen Weg bestimmt hat, so können wir feststellen, dass grundsätzlich drei unterschiedliche Auffassungen des Bezugs Innen – Außen für diese Entwicklung dominierend waren, vereinfachend gesagt, die mediterrane, die nördliche und eine fernöstliche.
Wollen wir diese drei unterschiedlichen Auffassungen mit Namen belegen, so kommen wir an den sogenannten großen Drei der Moderne – Le Corbusier, Mies van der Rohe und Frank Lloyd Wright – nicht vorbei.

Le Corbusier, obwohl Intellektueller des Nordens, hatte schon frühzeitig durch seine Reisen im Mittelmeerraum seine Leidenschaft für die Architektur als „das weise, richtige und wundervolle Spiel der Körper unter dem Licht" entwickelt, die er in seinen Bauten, Projekten und Schriften in eine Vision des Lebens und Wohnens in zeitgenössischen Städten als Freiräume aus Bauwerken, Licht, Sonne und Grün umsetzte.
Dass Le Corbusier mit diesen Vorstellungen die Auflösung des traditionellen städtischen Raums als ein dichtes Gefüge aus Gebautem, Straßen und Plätzen zum Programm erhob, dessen gläubige Umsetzung

die „Gegliederte und aufgelockerte Stadt" der Nachkriegszeit wie auch die Polderstädte in den Niederlanden hervorbrachte und schließlich mit den Plattensiedlungen in der ehemaligen DDR endete, sei als grandioses Missverständnis der Moderne nur nebenbei angemerkt.

Der Baukörper wird bei Le Corbusier in der mediterranen Tradition als Volumen aufgefasst, das als Konstrukt des menschlichen Geistes in bewussten Gegensatz zur Natur gestellt wird. So steht die Villa Savoie in Poissy aus dem Jahre 1929, übrigens dem gleichen Baujahr wie seine beiden Häuser in der Weißenhofsiedlung, programmatisch für die von Le Corbusier verkündeten „Fünf Punkte zu einer Neuen Architektur":

- die Auflösung der tragenden Wände in ein System von Stützen
- die dadurch gegebene Möglichkeit eines freien, nicht durch tragende Wände eingeschränkten Grundrisses
- die freie Gestaltung der Außenhaut ohne konstruktiv bedingte Einschränkung der Größe, Länge und Ausrichtung der Öffnungen
- das Ablösen des Baukörpers von der Geländeoberfläche, um dessen Volumen allseitig in den freifließenden Raum zu stellen

und schließlich
- die Einbeziehung der horizontalen Dachflächen in das Wohnen als Äquivalent für die überbaute Grundfläche.

Damit kommt zu der zunächst naheliegendsten Verbindung von Innen und Außen in der Horizontalen die Verbindung in der Vertikalen dazu, dies jedoch nicht nur als Hofelement im traditionellen Sinn, sondern in einem schwebenden Abheben und einer Aushöhlung des Baukörpers im Raum. Hierzu Hans Hildebrandt in seinem Vorwort zu dem 1927 erschienenen Buch über die „Zwei Wohnhäuser" in der Weißenhofsiedlung:
„Le Corbusiers Häuser sind [...] Sinnbilder in die Zukunft deutender Gegenwart.

Über zurückgezogenem, plastisch geformtem Unterbau, über weit vorgeschobenen schlanksten Eisenbetonpfosten schwebt die reine Form des Würfelgebildes. Keine schweren, massigen Mauern, eigensinnig abgeriegelt gegen Draußen, gegen Luft und Sonne …

Ein Hohlkörper, der dennoch die Klarheit der einfachsten, geometrieerzeugten Urform sich bewahrt hat.

Le Corbusier erweitert den bewohnbaren Raum in zuvor unbekanntem Umfang. Vor dem Unterbau entsteht ein überdeckter Platz, abgesteckt, nicht abgetrennt durch die gereihten Pfosten. Noch ist man hier im Banne

des Hauses und doch bereits draußen. Das Dach, befreit von lastendem Gebälk und Ziegeln, wird Garten. Rückwand, Stützen und verbindendes Gebälk formen seinen Luftraum … Hier oben fühlt man sich so leicht, hat nächste Nähe nur und weite Ferne vor Augen, hier kann man atmen!"

Wenn Le Corbusier für die Überführung des mediterranen Raumgefühls in die Moderne steht, so können wir in Mies van der Rohe den Vertreter einer nördlichen, sich aus den Baumhütten und Pfahlbauten über die Gotik entwickelten strukturellen Raumauffassung sehen, die bei ihm mit extremer Konsequenz bis zur Auflösung des Baukörpers in ein „Haut- und Knochen"-Gerüst getrieben wurde. Primat ist dabei nicht die Form, sondern der Raum oder besser: das Raumkontinuum, das als Bestandteil eines allgemeinen, größeren Universalraums lediglich durch offene und geschlossene Flächen dynamisiert und gegliedert, aber nicht ausgegrenzt wird.

Schlüsselwerk für diese Raumauffassung war der Deutsche Pavillon für die Weltausstellung 1929 in Barcelona, wiederum zeitgleich mit der Weißenhofsiedlung und der Villa Savoie; sowie einige Jahre später 1945, das Farnsworth-House in Plano, Illinois, das in einer äußersten Reduktion der den Raum definierenden Elemente Boden–Decke–Stützen–Kern den Bogen schlägt zu den Tempelbauten der griechischen Welt. Nicht von ungefähr war dieses Haus nie bewohnt – wahrscheinlich hat der Mensch nicht ohne Weiteres die Stärke von Göttern, wenn es um seine Behauptung und Behausung in der Welt ohne das so menschliche Bedürfnis nach Sicherheit und Geborgenheit geht.
Mies van der Rohe selbst geht es dabei um eine höhere Ordnung des Verhältnisses von Natur und Haus, wenn er in einem Interview sagt: „Auch die Natur soll ihr eigenes Leben leben. Wir sollen uns hüten, sie mit der Farbigkeit unserer Häuser und Inneneinrichtungen zu stören. Doch wir sollten uns bemühen, Häuser und Menschen in einer höheren Einheit zusammenzubringen. Wenn man die Natur durch die Glaswände des Farnsworth-Houses sieht, bekommt sie eine tiefere Bedeutung, als wenn man sich außen befindet. So kommt die Natur stärker zum Ausdruck – sie wird Teil eines größeren Ganzen."

Wenn wir schließlich zum dritten Orientierungspunkt der Moderne kommen, finden wir, im Unterschied zu Le Corbusier und Mies van der Rohe, die beide noch den Dualismus zwischen Innen und Außen als

prinzipiellen Gegensatz bejahen, bei Frank Lloyd Wright das Bemühen, die fernöstliche Auffassung des Inneseins des Menschen mit einer Natur, die er als erweiterter Lebensraum begreift, dem westlichen Verständnis näherzubringen, das seit jeher, im Gegensatz zur fernöstlichen Tradition, auf die Inbesitznahme und das Ausbeuten der Natur durch den Menschen unter Berufung auf dessen „höheres Wesen" ausgerichtet ist.

Die Verbindung des Innen mit dem Außen wird, wie wir am Beispiel seiner „Prairie Houses" aus den 1930er- und 40er-Jahren sehen, durch großzügig in die Weite der amerikanischen Landschaft ausgreifende Horizontalen vollzogen, die wiederum ihren Ursprung haben und bezogen sind auf den Mittelpunkt des Hauses, die offene Feuerstelle als Ur-Ort des Wohnens und der Geborgenheit.
Topographie, Vegetation und die „Natur der Materialien" sind wie selbstverständlich miteinander in Harmonie gebracht und lassen so das Haus und die Umgebung, in die es eingepflanzt ist, zu einer Wohnstätte für den Menschen werden, die aus dem Innen und Außen, aus Geborgenheit und Offenheit, eine über die Grenzen des Hauses erweiterte Heimat macht.

Nun müssen wir allerdings zugeben, dass wir mit diesen drei Positionen drei Modelle des Bezugs Innen und Außen der „klassischen" Moderne als dem visionären bis optimistischen Aufbruch des Menschen aus seinen materiellen und räumlichen Bedingungen und Begrenzungen in eine vermeintlich unbegrenzte Freiheit des Individuums beschrieben haben.

Wie stellt sich dagegen unsere Situation und unser Verhältnis zu der uns umgebenden „äußeren" Welt zwischen dem sogenannten Innen und dem sogenannten Außen heute dar?
Aus dem Außen, der ursprünglichen Wildheit der Natur, in der der Mensch der Schwächere war, ist nach deren jahrhundertelanger Unterwerfung und „Benutzung" durch eben diesen Menschen eine artifizielle, verstümmelte und gebrechliche „Umwelt" geworden, die zu einer neuen Wildnis, diesmal jedoch nicht der Natur, sondern der Zivilisation und des „Fortschritts", von was auch immer, auszuarten droht.
Das Freie als Freiheit, das dem Menschen anvertrauter, erweiterter Bewusstseins- und Lebensraum sein könnte, in dem er sich in sozialer Verantwortung gegenüber Natur und Mitmenschen einrichtet, wird immer mehr zur Fiktion; die nach wie vor dem Menschen innewohnende Sehnsucht, sich auch außerhalb seiner vier Wände zu verwirklichen, gerät

im Allgemeinen zur Hilflosigkeit oder im Besonderen zum Fluchtversuch in entrückte, immer seltener werde Enklaven des Tourismus.

Durch die wachsende Siedlungsdichte in den bislang wohlhabenden Industrieländern ist Freiraum, der als Raum zur persönlichen Entfaltung oder auch nur als Rückzugsmöglichkeit verfügbar ist, zu einer auf wenige Wohlhabende oder Findige begrenzten Mangelware oder auch zu einem Statussymbol zusammengeschrumpft.
Die Regel ist die „Wohn-Haft" in gedrängte Enge, Wand an Wand, Decke über Decke, in der Reihe oder Stapelung, mit Zwischenräumen, die zu „Abstandsflächen" degradiert sind und überwiegend einer sogenannten Infrastruktur vorbehalten sind, die in erster Linie die faktische Kommunikation via Fahrzeug sicherstellt, aber kaum Spielraum belässt für die so wichtige Verbindung zwischen Wohnung und Freiraum.

Durch die Allgegenwart der neuen Medien wird das jahrtausendealte Spannungsverhältnis zwischen Innen und Außen als Grenze und auch emotional belegter Übergang quasi ersatzlos aufgelöst; die vordergründig geschlossenen Wände werden, wenn auch unsichtbar, perforiert durch Informationen und Suggestionen, die die äußere Welt in das Innere nach Belieben, wenn auch nur fiktiv, transportieren und so eine Art Ersatzbefriedigung verschaffen anstelle einer nicht mehr möglichen und bald wohl auch nicht mehr gewollten, physisch wie psychisch realen Auseinandersetzung mit der greifbaren Welt unmittelbar vor der eigenen Tür.

Im Vergleich zu den ideellen Leitbildern der Moderne, die mit einer aktiven Wechselbeziehung zwischen Innen und Außen eine Versöhnung mit der ursprünglichen Dualität oder gar deren gänzliche Aufhebung ankündigte, müssen wir heute eingestehen, dass, im Gegensatz zu den Anfängen der Zivilisation, in denen der Mensch der Natur als „gegebenes" Chaos gegenüberstand, wir heute ein Umwelt-Chaos zu verantworten haben, das uns vor die Entscheidung stellt, dies entweder als neue und nicht mehr zu ändernde Realität zu akzeptieren, gegen die man sich durch Rückzug in den wiederum geschlossenen und vermeintlich privaten Raum der Wohnung zurückziehen kann, oder die Umwelt, zumindest graduell, wieder zu dem zu machen, was sie eigentlich in einem viel größeren Maße als in früheren Zeiten sein sollte: ein kostbarer und deshalb behutsam erweiterter und anzueignender Lebensraum für die Verwirklichung des Einzelnen innerhalb des gemeinsamen räumlichen Potenzials einer Gesellschaft.

Vilem Flusser, Philosoph und Vordenker einer neuen Architektengeneration, bringt die Frage, wie es weitergehen könnte, auf den kritischen Punkt unter der Überschrift „Dach und Mauerlose Architektur", einen Beitrag für arch+ aus dem Jahr 1990:

„Das heile Haus mit Dach, Mauer, Fenster und Tür gibt es nur noch in Märchenbüchern. Materielle und immaterielle Kabel haben es wie einen Emmentaler durchlöchert: auf dem Dach die Antenne, durch die Mauer der Telefondraht, statt Fenster das Fernsehen, und statt Tür die Garage mit Auto. Das heile Haus wird zur Ruine, durch deren Risse der Wind der Kommunikation bläst. Dies ist ein schäbiges Flickwerk. Eine neue Architektur ist vonnöten. Architekten haben nicht mehr geographisch, sondern topologisch zu denken. Das Haus nicht mehr als künstliche Höhle, sondern als Krümmung des Feldes der zwischenmenschlichen Relationen. […] So hat das neue Haus auszusehen: wie eine Krümmung im zwischenmenschlichen Feld, wohin Beziehungen angezogen werden. So ein „attraktives" Haus hätte diese Beziehungen einzusammeln, sie zu Informationen zu prozessieren, diese zu lagern und weiterzugeben. Ein schöpferisches Haus als Knoten des zwischenmenschlichen Netzes […]. Zwar bietet uns die Tradition hierfür keine Gebäudemodelle, aber die Phänomenologie kann dies. Sie sagt, Gebäude seien simulierte Häute. Also ist unsere Haut das Modell für künftige Häuserentwürfe. Sie ist ein außerordentlich komplexes Organ, und Architekten wie Urbanisten müssen die Haut gründlich untersuchen. Sie müssen Dermatologen werden.
Es wird nicht nur darum gehen, sensorische und motorische Nervensimulationen im Gebäude einzubauen, sondern vor allem darum, die eigentümliche Permeabilität und zugleich Impermeabilität der Haut zu simulieren. Ein intelligentes Gebäude ist nicht nur ein Werkzeug zum Empfangen, Prozessieren und Senden von Informationen, sondern auch zum Bewahren von Informationen. Es ist ein Gedächtnis. Und das meinen wohl Begriffe wie Wohnung und Gewohnheit […].
In diesem intelligenten Sinne werden die künftigen Gebäude Wohnorte zu sein haben […]. Eine derart dach- und mauerlose Architektur, die weltweit offenstünde, also nur aus reversiblen Fenstern und Türen bestünde, würde das Dasein verändern. Die Leute könnten sich nirgends ducken, sie hätten weder Boden noch Rückhalt. Es bliebe ihnen nichts anderes übrig, als einander die Hände zu reichen […].
Und es gäbe keine Natur mehr, die sie bedroht, und die sie beherrschen wollen […]. So ein Häuserbau wäre ein gefährliches Abenteuer.

Weniger gefährlich jedoch als das Verharren in den gegenwärtigen Häuserruinen [...]. Sollten wir das Abenteuer nicht wagen, dann sind wir für alle ersichtliche Zukunft verurteilt, zwischen vier durchlöcherten Wänden und einem durchlöcherten Dach vor Fernsehschirmen zu hocken oder im Auto erfolglos durch die Gegend zu irren."

Zugegebenermaßen eine provozierende Position, die Widerspruch erzeugen muss.
Wie im wirklichen Leben auch wird wohl der Weg, oder Ausweg, nicht in einem Extrem, sondern in einem abwägenden und ausgleichenden Sowohl-als-auch zu suchen sein. Ansätze zu einem neuen Verhältnis zwischen Innen und Außen, das beide Pole, die freiwillige Abgeschlossenheit wie auch die freiwillige Öffnung, nach individueller Entscheidung beinhaltet, sind aufgezeigt und in Erprobung.
Das wachsende Bewusstsein um die Begrenztheit der naturgegebenen Ressourcen und des sparsamen Umgangs mit Energien lässt uns zu „intelligenten" Systemen des Austauschs zwischen Innen und Außen kommen, die die klimatischen und energetischen Potenziale aktiv, aber mit sanften Technologien von einem bisher statisch-passiven Verhältnis umsetzen in einen dynamischen, den Wechsel der Tages- und Jahreszeiten nutzenden Austausch von Energien zwischen Innen und Außen im Sinne einer „ökologischen Symbiose". Dabei werden wir zu abgestuften und wandelbaren Systemen der Begrenzung zwischen Innen und Außen kommen müssen, etwa vergleichbar mit der Kleidung des Menschen, die nach Funktion und Schichtungen getrennt, wechselnde Wahlmöglichkeiten zwischen Schließung und Öffnung, Abgrenzung oder Exposition, Wärme oder Kühle, Einsicht oder Aussicht ermöglichen.

All dies macht aber letztlich nur Sinn, wenn wir uns die Chance nicht verbauen, in einer zunehmend auf Mobilität und „Kommunikation" ausgerichteten Welt, in der die Grenzen zwischen Realität und Fiktion zunehmend aufgelöst werden, uns unseren eigenen Standort als innersten Lebensraum ständig neu zu schaffen und auch zu behaupten, denn ohne diesen Ort der Zuflucht, den wir auch gerne Heimat nennen würden, wären wir nichts anderes als lose Blätter, die der Wind der Zeit nach Belieben vor sich hertreibt; denn wie jede Veräußerung der Verinnerlichung bedarf, bedingt jedes Hinausgehen auch ein Heimkommen in „Die bewohnte Stille der Häuser" – Titel eines Fensterbildes von Matisse, mit dem ich schließen möchte.

4   Form follows Deformation

Gedanken zum Thema Form und Deformation
Referat an der Akademie der Künste, 31. Oktober 2005

Liebe Kolleginnen und Kollegen, liebe Gäste,

kein einfaches Thema, das sich unsere Sektion Baukunst für diesen Anlass ausgedacht hat, aber doch spontan von hohem Reiz und Aktualität, weil sozusagen im Untertitel verknüpft mit der Frage nach Werten und Orientierungen.
Nehmen Sie meinen Beitrag hierzu eher als eine nachdenkliche Reflexion als ein verbindliches, alle Aspekte dieses Themas abdeckendes Statement. Sie mögen mir nachsehen, dass ich zur Unterstreichung meiner Ausführungen auf illustrierende Bilder verzichte – ich setze voraus, dass bei so viel versammeltem Sach- und Fachverstand sich diese bei Ihnen von selbst einstellen.
Auch möchte ich mich bewusst an die Auslegung der Begriffe Form bzw. Deformation halten, obwohl es leichter fiele, in den Bereich der Dekonstruktion oder gar Destruktion auszuweichen.
Lassen Sie mich zunächst die gestellte Thematik mit einer kleinen Geschichte umreißen, an der sich die Vielschichtigkeit und Wechselbeziehung dieser beiden Begriffe festmachen kann:

Ein Gutsherr beauftragt vor seiner Abreise seinen Gärtner, einen auf seinem Grundstück wild gewachsenen Baum zu beschneiden. Der Gärtner tut sein Bestes, um, wie er meint, es seinem Herrn recht zu machen. Er schneidet den Baum schön regelmäßig und gibt ihm eine symmetrische Form.
Nach seiner Rückkehr sieht sich sein Herr das Ergebnis an und kommentiert es mit der lakonischen Bemerkung: „Fleißig geschnitten, Gärtner – aber wo ist der Baum?" Diese Geschichte will uns Folgendes sagen: Der wild gewachsene Baum war für den Gutsherrn eine naturgegebene, ihm gewohnte Form, die für ihn das Wesentliche eines Baums darstellte, der Gärtner fühlte sich mit dem Auftrag des Gutsherrn frei, dem Baum durch das Beschneiden eine andere, veränderte Form

zu geben, die ihm und seiner Meinung nach auch seinem Herrn besser gefallen sollte als die Form des ursprünglichen Baums. Der Gutsherr hat nach seiner Rückkehr und angesichts des Ergebnisses zwar die gute Absicht und das Bemühen seines Gärtners anerkannt, aber in der beschnittenen und damit deformierten Form des Baums den Bezug zu dessen ursprünglicher Form vermisst und dieses moniert.

Damit ist bereits die im Thema beinhaltete Fragestellung umrissen, ob Form und Deformation etwas miteinander zu tun haben und wenn ja, ob sie sich gegenseitig bedingen und darüber hinaus, ob Form und Deformation aufeinander aufbauen, sich somit positiv ergänzen oder ob sie miteinander unvereinbar sind bzw. sich gegenseitig zwangsläufig ausschließen oder noch weitergehend, ob die Deformation die Zerstörung der Form zur Voraussetzung hat.
Hier kann uns zunächst die Frage, was wir unter den Begriffen Form bzw. Deformation verstehen, weiterhelfen:
Wann sprechen wir von Form, wann von Deformation? Laut Lexikon bezeichnet Form (lat. forma = Gestalt, Figur)
1. die äußere Gestalt, den Umriss, aber auch den inneren Aufbau eines Gegenstands im Gegensatz zur formlosen Materie wie zum Beispiel
   - der Schneemann im Gegensatz zum Schnee
   - die Sandburg im Gegensatz zum Sand
   - die betonierte Säule im Gegensatz zum Betonbrei
2. die Struktur, das heißt die formale Gesetzlichkeit eines Gegebenen im Gegensatz zu dessen Inhalt oder Gehalt wie zum Beispiel
   - der Aufbau eines Musikstücks, eines literarischen Werks im Gegensatz zu dessen musikalischer oder literarischer Aussage oder Wirkung
   - das Skelett einer Pflanze, eines Tiers oder auch eines Bauwerks im Gegensatz zu den Organen und Funktionen, also auch Inhalten, die dieses umschließt oder gliedert

Es gibt Naturformen, die uns scheinbar unbeeinflussbar, sozusagen statisch erscheinen wie zum Beispiel
- Gebirge, Landschaften, Seen
oder auch als dynamische, flüchtige Formen wie zum Beispiel
- Wolkengebilde
- Blitze
- Schaumblasen

- Wellenkämme und so weiter

Andererseits gibt es vom Menschen gewollte, sprich geplante Formen wie zum Beispiel in der Kunst Stilformen der
- Malerei
- Musik
- Literatur
- Skulptur
- Architektur

aber auch Formen der gesellschaftlichen Konvention wie zum Beispiel
- Verhaltensformen
- Umgangsformen
- Staatsformen

und selbstverständlich gehört hierzu die ganze Welt der Gebrauchs- und Siedlungsformen, angefangen vom steinzeitlichen Faustkeil über unsere Behausungen und Städte bis zum Space Shuttle.

Von Form-Losigkeit sprechen wir dagegen, wenn wir keine Form erkennen können oder eine solche vermissen wie zum Beispiel
- Nebel
- ausgedehnte, uns unbegrenzt erscheinende Wasserflächen
- die Unermesslichkeit des Himmels
- aber auch eine geräuschvolle Kakophonie, ein wirres Getümmel von Menschen
- bis hin zur ungezügelten Eruption chinesischer Großstädte

Als Deformation wird laut Lexikon dagegen bezeichnet:
1. die Form-Änderung als Verformung eines Körpers durch auf ihn einwirkende äußere Kräfte physikalischer Natur wie Dehnung, Stauchung, Verdrehung, Knickung, Wärme wie zum Beispiel langzeitige oder auch spontane Prozesse in der Natur
   - Erosion durch Wasser oder Wind
   - Erdbeben durch Auslösung innerer Spannungen der Erdkruste oder in der Technik
   - Stauchung eines Stahlblechs zur Autokarosserie
   - Verformung eines ebenen, zunächst orthogonalen Seilnetzes durch Winkelverdrehung und Spannung zu einem gekrümmten leichten Flächentragwerk.

In den Bereich der Deformation gehören aber auch der Materie immanente Prozesse wie zum Beispiel
- Alterung
- Verwitterung, Versprödung
- Verfall

und wir kennen auch ganze Deformationsketten wie zum Beispiel
- Schneekristall – Wassertropfen – Wasserdampf
- Eisenerz – Roheisenbarren – Walzprofil – Korrosion – Bruch

Deformation also verbunden auch mit einer Veränderung des Aggregatzustands.

2. erwähnt das Lexikon unter diesem Begriff im Bereich der Anthropologie die bleibende Formveränderung des menschlichen Körpers oder seiner Teile

Was das Lexikon allerdings unter Deformation nicht anführt, wäre meines Erachtens eine dritte Kategorie, die bezogen ist auf den weiten Bereich menschlicher Produktion wie zum Beispiel
- in der Kunst:
  die idealisierte bis verzerrte Darstellung der menschlichen Gestalt über die verschiedenen Stilepochen und Kulturkreise, angefangen von den ägyptischen Reliefs, der Abstraktion bei Picasso bis hin zu den Porträts eines Francis Bacon
- in der Architektur und im Städtebau:
  von den Übersteigerungen des sogenannten menschlichen Maßstabs, sei es in der Renaissance oder in Speers Germania bis hin zu den Auswucherungen unserer Städte an ihren Peripherien
- oder im Bereich des Designs und der Mode:
  die Deformation eines von den ergonomischen Anforderungen an die Brauchbarkeit geprägten Objekts – sei es Kleidungsstück, Besteck oder Staubsauger –, nur um marktgängiger zu werden und dabei, um mit Otl Aicher zu sprechen, zum „nicht mehr brauchbaren Gebrauchsgegenstand" degeneriert

Aus diesem Versuch einer andeutungsweisen Gegenüberstellung von Form und Deformation können wir demnach mehrere Feststellungen ableiten:
1. Form hat mit Gestalt, Figur zu tun, sie braucht zu ihrer Wahrnehmbarkeit als solche klare Kontur, Umriss und Oberfläche,

mittels derer sie sich von ihrem Umfeld bzw. von ihrem Hintergrund absetzt und dadurch lesbar wird.
2. Form hat mit Struktur, also mit inneren Gesetzmäßigkeiten zu tun, seien sie physikalischer, mathematisch-geometrischer, künstlerisch-ästhetischer oder gesellschaftlich-sozialer Natur, welche die Form einordnenbar macht in das Gerüst unserer Wahrnehmungen.
3. Deformation, also Form-Änderung, setzt dagegen eine Vorgänger-Form voraus, die durch Einwirkungen von außen mehr oder weniger beeinflusst wird.
4. Deformation geschieht demnach nicht durch statische, sondern dynamische Kräfte.
5. Zwischen ursprünglicher Form und deren Deformation bestehen somit Abhängigkeiten, wobei beide Stadien sich gegenseitig bedingen. Im Umkehrschluss würde dies bedeuten, dass etwas, was nicht deformierbar ist, auch keine Form hat.

Diese Feststellungen führen uns schließlich zu der entscheidenden Frage, welche Qualitäten und Potenziale in dieser Wechselbeziehung zwischen Form und Deformation liegen, sei es zu Gunsten oder zu Ungunsten der Fortentwicklung einer Form auf dem Wege vom Gewohnt-Bestehenden zu einem durch Veränderung entstehenden Ungewohnt-Neuen einerseits oder des Formverfalls bis zum Formverlust andererseits.

Versuchen wir uns diese Zusammenhänge nochmals an einem möglichst einfachen Beispiel zu vergegenwärtigen. Nehmen wir ein Blatt Papier: Es ist entstanden aus formloser Materie – der Zellulose, die durch den Herstellungsprozess des Schöpfens und Walzens „in Form gebracht" wurde. Das fertige Blatt liegt als klar konturierte Form vor uns, weiß, glatt, rechteckig, nach Länge, Breite, Dicke definiert – es hat ein verbindliches, uns vertrautes Format: DIN A4. Wenn wir das Blatt Papier hochheben, verbiegt es sich durch die einwirkende Schwerkraft, es wird ohne unser Zutun aus seiner ursprünglichen Horizontalität deformiert, es sei denn wir versuchen, es durch Spannung plan zu halten. Wir können es auch falten, zum Beispiel zu einem Schiffchen oder einem Wurfpfeil, im Gegensatz zur vorherigen Deformation eine von uns bewusst auf mathematisch-geometrischer Grundlage geplante, mit dem Ergebnis einer klar strukturierten dreidimensionalen Form, eben des papierenen Objekts. Wir können das Blatt aber auch willkürlich und planlos zerknüllen oder zerreißen, es stauchen oder dehnen bis zur Reißgrenze, es also ebenfalls

willentlich deformieren. Oder wir können es letztlich sogar verbrennen bis zur Unkenntlichkeit – also Formlosigkeit. Und um uns die Komplexität des Zusammenhangs zwischen Form und Deformation über den physikalischen Bereich hinaus vor Augen zu führen, könnten wir das Blatt auch beschreiben mit Buchstaben, Strichen, Zahlen, Notierungen. Und jedes Mal würde sich das Papier durch unsere Zufügungen, die zwar nicht seine geometrische Form, aber seine Bedeutung für uns und andere verändern, in einen Brief, ein Gedicht, eine Zeichnung, eine Berechnung, eine Komposition – und es damit in eine völlig andere Ebene der Deformation überführen, die über das materiell Physikalisch-Formale hinausweist in Richtung In-Formation.

Wenn wir uns nun nach diesem papierenen Exkurs zurückwenden zum Begriff Form, so kommen wir um die Feststellung nicht herum, dass bislang damit immer auch ein Maß an Konvention oder auch Tradition verbunden ist. Form im Allgemeinen verstanden als bleibende, stabile, verbindliche, wiederkehrende Gestalt und damit wieder Teil eines erkennbaren Abbilds unserer gegenständlichen Welt.

Andererseits schwingt im Begriff Deformation immer auch das Ungewöhnliche, Gefährdende, ja Krankhafte bis Zerstörerische mit, sei er entweder als Protest gegen die Konvention der Form oder aber auch als eine Art Entwicklung zum scheinbar Negativen-Abträglichen, die Verbindlichkeit der Form infrage stellendes, unterwanderndes bis verwerfendes Vorhaben. Auch wirkt die lang beschworene Abhängigkeit von Form und Funktion als Prädikat und Diktum der klassischen Moderne zumindest bei meiner Generation noch unvermindert nach.

Es stellt sich vor diesem Hintergrund die Frage, ob mit einer Aufkündigung des Zusammenhangs von Form und Funktion der Weg frei wird für einen mehr oder weniger willkürlichen Umgang mit der Form, indem sich diese aus ihren Bindungen an die sie bedingenden Formen und Inhalte löst und damit frei verfügbar, sprich deformierbar wird und dadurch letztlich verloren geht. Ich teile diese Besorgnis nicht, zumindest so lange nicht, als die deformierte Form ihre Herkunft von eben ihrer Vorgängerform noch erkennen lässt, sie nicht verleugnet, sondern dadurch nachvollziehbar macht, dies im Sinne einer Tradition der Weitergabe von Erkenntnissen und Erfahrungen, die auf dem Vorhergehenden aufbauen, dieses aber willentlich und wissentlich verändern mit dem Ziel einer Bewusstseinserweiterung, welche die Zukunft einer neuen Form erahnen lässt.

Adalbert Stifter drückt dieses Wechselwirken über die Zeiten in seinem Roman „Nachsommer" auf die ihm eigene Weise aus:

„[…] so liegt in diesen nachgebildeten Gestaltungen zuerst eine bestimmte Eigentümlichkeit und Einzelheit, die den Gegenstand sinnlich hinstellt, und dann drückt die Gestaltung nicht bloß den Zustand aus, in dem sie gegenwärtig ist, sondern sie weist auch auf den zurück, der unmittelbar vorher war und von dem sich die Gebilde noch leise vorfinden, und sie lässt zugleich den Nächstkünftigen ahnen, zu dem die Bildungen neigen …".

Wenn wir also das der Deformation innewohnende Potenzial nicht im Vorhinein bereits als Negativum ablehnen, sondern bewusst einsetzen, so eröffnet sich uns die Chance, die Form aus ihrer statischen, auch konventionsgebundenen Verfestigung zu befreien und durch bewusstes Einwirken auf sie gleichsam ihren zugeknöpften Mantel aufzulösen, um sie aus der Starrheit des Gewohnten herauszuführen in eine Dynamik des noch Ungewohnten, Überraschenden, welche es uns ermöglicht, die uns bislang gegenwärtigen und vertrauten Formen in neuen Konstellationen zu denken und zu erleben.
Formentwicklung ohne Formänderung, also Deformation, wäre in diesem Sinne demnach nicht denkbar. Beide Stadien bauen aufeinander auf, indem die deformierte Form wiederum zu Form und damit zur Vorgabe für deren nächste Deformation wird. Der Formbegriff wandelt sich somit, er verharrt nicht statisch, sondern ist in Bewegung, ist fließend, sozusagen in transit – eben: form follows deformation.

Um abschließend zur eingangs erwähnten Geschichte vom Baum, dem Gärtner und seinem Herrn zurückzukommen, erschließt sich ihr Sinn aufgrund der vorausgegangen Überlegungen auf andere Weise:
- Der Gärtner hat mit seiner Schneidekunst, also seinem willentlichen Einwirken von außen, aus dem wilden bewusst einen domestizierten Baum nach seiner Vorstellung geformt.
- Der vom Gärtner beschnittene Baum hat durch sein Beschneiden eine neue Form bekommen, die den wild gewachsenen Vorgängerbaum als Voraussetzung hatte.
- Der Gutsherr war angesichts des Ergebnisses offensichtlich überrascht und innerlich noch nicht vorbereitet, den so beschnittenen, also deformierten Baum als neue Form anzuerkennen, weil er ihn aus seiner Sicht nicht mehr an sein Vorbild erinnerte.
- Dabei hätte sich bei einem erweiterten Blickwinkel und Verständnis durchaus bei ihm die Bereitschaft einstellen können, den beschnittenen

Baum als eine unerwartete Erweiterung seiner Formenwelt und damit seines Weltbilds zu begreifen.

Schlussendlich brauchen wir nur die Protagonisten auszutauschen:
- anstelle des Gutsherrn
  den oder die Auftraggeber, seien sie öffentlich oder privat, mit ihren Anliegen oder Ansinnen, die sie der Fachkompetenz eines Dienstleistenden anvertrauen
- anstelle des Gärtners
  uns als die in ihrem Auftrag handelnden Städteplaner, Architekten oder Designer, welche diesen Auftrag übernehmen, ihn kritisch prüfen und schließlich Kraft unseres Berufes, unserer Berufung ausführen und damit kulturelle Verantwortung übernehmen gegenüber einer verpflichtenden Vergangenheit, einer ungewissen Gegenwart und einer noch ungewisseren Zukunft

und schließlich
- anstelle des Baums
  das Resultat unserer professionellen Zielsetzungen, die durch unsere Einwirkung auf den Entscheidungsprozess über das hinausreichen sollten, was sich der Auftraggeber anfänglich zu erhoffen und vorzustellen vermochte.

So steht die Geschichte vom beschnittenen Baum gleichnishaft sowohl für das immer währende Wechselspiel von Form und Deformation, als auch für unser berufliches Selbstverständnis – und als ob es so geplant sei, dass das Datum dieses Referats ausgerechnet mit dem heutigen Reformationstag zusammenfällt, – fragt es sich heute verstärkt, wo wir uns in diesem Wechselspiel finden – sei es in einem Falle als Re-formator, sprich Form-bewahrer, oder in einem anderen Falle als De-formator, also Form-veränderer und wofür wir uns jeweils entscheiden, sei es in der Kultur der Gestaltung der Gegenstände unseres täglichen Lebensumfeldes, in der Architektur oder beim Bau unserer Städte und Landschaften. Diese Frage muss schließlich jeder von uns bei jeder Aufgabe aufs Neue für sich selbst beantworten.

6   Beitrag zur Diplomfeier der Architekturfakultäten

Universität Stuttgart, 1. Dezember 2010

Wertes Kollegium,
liebe Diplomantinnen und Diplomanten,
liebe Eltern, Freundinnen, Freunde, liebe Gäste,

als mich Prof. Pesch kürzlich ansprach, ob ich mir vorstellen könne, anlässlich der diesjährigen Diplomfeier einige Gedanken zum Thema „Verantwortung" zu formulieren, habe ich mich natürlich gefragt, wieso er dafür gerade mich im Auge hat, wo ich doch kein Moralphilosoph, sondern ein praktizierender „freier Architekt", mit der Betonung auf „frei", bin.
Schien ich ihm deshalb für diese Thematik prädestiniert, weil wir mit unserem Büro es verschiedentlich abgelehnt haben, uns an zweifelhaften Wettbewerbsverfahren wie zum Beispiel für die Neubebauung des ehemaligen Messegeländes am Killesberg oder kürzlich bei einem im neuen Stadtteil hinter dem Hauptbahnhof geplanten Einkaufszentrum zu beteiligen? Oder lag es an meiner von ihm eingangs angedeuteten kritischen Einstellung und Einmischung gemeinsam mit anderen Kollegen des Städtebauausschusses zum Projekt Stuttgart 21 wegen seiner bedenklichen Auswirkungen im Stadtraum?
Wie dem auch sei – ich habe mich bereit erklärt, mich des Themas „Verantwortung" ganz allgemein, aber dann präziser gefasst als „Verantwortung des Architekten" anzunehmen.
Mir ist dabei bewusst, dass ich Sie damit als Absolventen anspreche, die nun ausgerüstet oder befrachtet mit allem, was sie in der Zeit Ihres Studiums gelernt und erfahren haben, aus dem „Reinraum" der Hochschule ins Berufsleben entlassen werden.
Bei den Buchdruckern nennt sich dieser Anlass „Lossprechung", bei der die bisherigen Lehrlinge in einen Wasserbottich geworfen werden – wobei mir bei diesem Ritual die Verbindung zum Buchdruck verborgen bleibt.
Anders als die Buchdrucker werden Sie nicht nur in einen Trog Wasser geworfen, sondern vielmehr in ein unsicheres Meer zwischen Ebbe

und Flut, Wogen und Stürmen. Ihr Rüstzeug dafür, sozusagen der Schwimmkurs, ist zwar das in den Jahren des Studiums Erlernte, wie Sie damit allerdings, sozusagen als Freischwimmer in einer zunehmend rauer werdenden See, zurechtkommen, steht Ihnen noch bevor.
Hierfür bedarf es des Prinzips Hoffnung, ohne das die nun auf Sie wartende Herausforderung nicht bestanden werden kann.
Kleinmut ist dabei kein guter Ratgeber, sie führt höchstens in den Zustand des Sich-treiben-Lassens oder des Getriebenwerdens.
Hoffnung hat mit Zuversicht zu tun, mit der Zuversicht nicht nur auf das notwendige existenzielle Auskommen, sondern mit der Zuversicht, neue Ufer zu erreichen.
Hierfür bedarf es eines gesunden Selbstbewusstseins, das der Antrieb eines aktiven Ichs ist.
Hoffnung, aber auf was – in Ihrem Fall als angehende Architekten?
Auf einen gesicherten Job mit einer nicht zu knappen Entlohnung für Ihre Dienste, egal, in wessen Dienst Sie auch immer stehen? Hauptsache Sie können mit dem Gehalt Ihren Lebensunterhalt und die Ihnen vertraglich zugesicherte Freizeit bestreiten? Oder aber Hoffnung darauf, dass Sie mit Ihrem Tun Spuren hinterlassen, die Veränderungen unserer Umwelt und unserer Gesellschaft bewirken?
Hierzu schreibt der damals schon betagte Architekt und Gründer des Bauhauses Walter Gropius 1955:
„Ich bin oft von Studenten gefragt worden, was sie nach Beendigung ihres Studiums tun könnten, um unabhängige Architekten zu werden, und wie sie es vermeiden könnten, ihre Überzeugungen verkaufen zu müssen im Kampf mit einer Gesellschaft, die ja im Ganzen noch ziemlich unorientiert ist über die neuen Ideen in Architektur und Planung.
Hier ist meine Antwort:
Brotverdienst allein kann nicht das einzige Ziel eines jungen Mannes sein, dem vor allem daran liegen muss, seine Ideen zu verwirklichen. Sein Problem liegt also darin, wie er die Integrität seiner Überzeugung aufrechterhalten, seinen Grundsätzen nachleben und trotzdem sein Auskommen finden kann. Es mag ihm vielleicht nicht gelingen, eine Stellung bei einem Architekten zu finden, dessen Ansichten er teilt und der ihn in seiner Entwicklung fördern kann. In solchem Falle würde ich raten, dass er sich irgendeine Stelle sucht, in der man ihm seine technischen Kenntnisse bezahlt, dass er dann aber alles dransetzen sollte, seine Interessen durch intensive persönliche

Arbeit in seiner Freizeit rege zu halten. Er sollte versuchen, mit ein paar Freunden ein Arbeitsteam zu bilden und dann beginnen, ein wichtiges Projekt innerhalb seiner Gemeinde in Gruppenarbeit Schritt für Schritt zu lösen. Wenn er unermüdliche Energie hineinsteckt, werden er und seine Mitarbeiter eines Tages der Öffentlichkeit eine solide und wohldurchdachte Lösung des Problems, für das er nun zum Fachmann geworden ist, anbieten können. Er mag es in Zeitschriften veröffentlichen oder ausstellen, und vielleicht kommt es dazu, dass er von der Kommunalverwaltung auf seinem Gebiet als Planungsberater herangezogen wird.
Wir müssen lernen zu unterscheiden zwischen den echten, wesentlichen Bedürfnissen der Menschen und der Kombination von Phlegma und Gewohnheit, das uns oft als „Wille des Volkes" vorgehalten wird.
Die Härte unserer realen Welt wird nicht dadurch gemildert, dass wir sie modisch mit einem „new look" aufputzen, und ebenso sinnlos ist es, unsere mechanisierte Zivilisation dadurch humanisieren zu wollen, dass wir sentimentalen Zierat an unsere Häuser hängen."
Soweit der Altmeister.
Somit reicht oberflächliches Denken in Designkategorien nicht aus – Sie werden vielmehr Ihr Tun als Beruf, als Berufung auffassen müssen, die über eine Einteilung Ihrer Lebenszeit in Arbeit und Freizeit hinausgeht und Sie unwiderstehlich ganzheitlich und vollzeitlich erfasst.
Und mit dem Bewusstsein der Berufung kommt unweigerlich die Kategorie Verantwortung ins Spiel, denn berufliche Hoffnung trägt Verantwortung im Gepäck! Verantwortung, verantwortlich sein, was heißt das insbesondere für Sie als junge, angehende Architekten? Verantwortung weshalb, wem oder was gegenüber?
Laut Brockhaus bedeutet Verantwortung:
„Die sittliche Grundhaltung, aus der heraus jemand sein Handeln durch selbständige Entscheidung bestimmt. Er kann hinsichtlich seines Tuns und Lassens und den daraus entstehenden Folgen zur Verantwortung gezogen werden."
Und Erhard Eppler, der Politiker, definiert Verantwortung so:
„Verantwortung hat mit ‚Antwort' zu tun, wie das französische ‚responable' mit ‚reponse' und das englische ‚responsible' mit ‚response'. Verantwortung bedeutet also Antwort geben auf die Frage, ob unser Handeln für andere hilfreich oder eher falsch sei. Verantwortung hat der Mensch, weil er mit anderen zusammenlebt,

weil er animal sociale ist […]. Verantwortung ist keine Ausrede für Egoismus, für den Ego Trip […].
Verantwortung haben wir, weil wir nicht allein auf der Welt, weil wir soziale Wesen und also auf den Nächsten verwiesen sind.
Aus unserer Freiheit ergibt sich zuerst unsere Verantwortung für andere, dann auch für uns selbst, denn wir muten uns ja anderen zu."
Soweit der Politiker.
Verantwortung zu übernehmen, setzt also zunächst persönliches Bewusstsein, Selbst-Bewusstsein voraus.
Denn wenn ich mich nicht selbst als Wert, als Selbst-Wert akzeptiere, bin ich nicht in der Lage, Verantwortungsbewusstsein zu empfinden und daraus Verantwortung für mich selbst und andere zu übernehmen.
Verantwortung, Verantwortlichkeit bezieht sich auf mehrere Ebenen – die individuell persönliche, die berufliche und schließlich die politische Ebene.
Die persönliche Ebene umfasst das sittlich-ethische Verhalten, den sozialen Umgang mit den Menschen, mit denen wir näher zu tun haben – Familie, Freunde, Kollegen, aber auch mit der uns anvertrauten Natur, getreu dem gar nicht so altmodischen Sprichwort: „Was du nicht willst, das man dir tu, das füg auch keinem andern zu".
Die zweite Ebene der Verantwortlichkeit betrifft die Welt unseres Berufs als Architekten, in die Sie nun hineinwachsen werden. Hier geht es um den Umgang mit mitarbeitenden Kollegen, mit den „Vorgesetzten", falls sie dieses Attribut verdient haben, mit den fachlich beteiligten Ingenieuren, Beratern und schließlich den Auftraggebern, denen Sie gegenübertreten.
Damit wird sich die Frage stellen, wie Sie die Ihnen zugewiesene Rolle annehmen, passiv als unkritische Befehlsempfänger oder aktiv als Initiator und Moderator gleichzeitig. Kann ich diejenigen, mit den ich beruflich zu tun habe, für meine Anliegen einnehmen und stehe ich zu dem, was ich für wichtig und richtig halte, auch wenn der Wind sich dreht? Stehe ich auch ein für Fehler, die sich bei meinem Tun nicht ausschließen lassen und für die unter Umständen gehaftet werden muss?
Bleibt schließlich die dritte Ebene der Verantwortlichkeit, die auf den beiden vorausgehenden Ebenen aufbaut – die Verantwortlichkeit im Politischen, wo wir, über unser berufliches Tun hinaus, als mündige Bürger gefordert sind. Reicht es dazu aus, dass wir einmal alle

x Jahre zur Wahl oder auch nicht gehen, um die uns am opportunst erscheinende, weil unseren Geschäften oder Projekten gewogenste Partei ins Spiel zu bringen oder zu halten?
Oder bringen wir uns aktiv und mit vollem Engagement ein in dieses politische Kräftefeld, wie dies ein ehemaliger Kommilitone, Hannes Rockenbauch, in der Diskussion über Stuttgart 21 sozusagen an vorderster Front demonstriert?
Ohne Zweifel erwartet die bürgerliche Gesellschaft von uns Architekten als Teil einer Gesellschaft, die kulturelle Werte reklamiert, mehr als eine nur am Quantitativen orientierte Zweck- und Bedarfserfüllung. Denn schließlich ist das, wozu Sie sich per Studium vorbereitet und in Ihrer späteren Berufsausübung zum Ziel gesetzt haben, keine der schnellen Vergänglichkeit anheimfallende Eintagesveranstaltung, sondern unser Tun und Schaffen hinterlässt massive Spuren des Gebauten, in dem sich andere Menschen, für die das Gebaute geschaffen wurde, einrichten müssen und wir daran gemessen werden, ob die gebauten Räume lediglich der notwendigen Unterbringung dienen oder ob sie einen Mehrwert beinhalten, der Gefühle anrührt und sich im besten Falle als Beheimatung auf Zeit eignet, sei es die Wohnung, das Büro oder die Fabrik.
Ständig fühlen wir uns dieser Verantwortlichkeit ausgesetzt im Sinne einer freiwilligen Selbstkontrolle, die uns fragen lässt: Würde ich mich in dem, was ich auf dem Papier, im Computer oder am Modell entwerfe und plane, zurechtfinden, mich darin so einrichten können, als ob ich selbst derjenige wäre, für den diese Räume gedacht und geschaffen sind?
Begreifen wir also unseren Beruf, wenn er mehr sein soll als ein mehr oder weniger einträglicher Job, als einen Auftrag, eine Verpflichtung gegenüber einer Gesellschaft, die sich rühmt, der Kultur und in unserem Falle, der Baukultur verpflichtet zu sein mit einer Dienstleistung, die allerdings zur Voraussetzung haben muss, dass sie nicht unkritisch angenommen und erledigt wird, sondern wir uns immer und zuerst nach deren Sinn und Zielsetzung, nach dem Wozu und Wofür prüfend fragen müssen.
Wir werden es also nicht damit bewenden lassen, anpassungsfähige und willfährige Dienstleistende zu sein, sondern werden mit unserer kritischen Wahrnehmung und Einstellung und den daraus zu folgernden beruflichen Entscheidungen, mit unserem Tun, das Ferment bilden,

das den sozialen und kulturellen Gärungsprozess in einer zunehmend materiell-orientierten Gesellschaft fördert und in Gang hält.

Hierzu fordert uns der vor kurzem verstorbene Münchner Architekt Busso von Busse mit eindringlichen Worten heraus:

„Freiheit, soziale Verantwortung als Architekt und Baukunst bedingen einander. Schöpferisches Tun bedarf der geistigen Freiheit. Geistige Freiheit ist eine der Säulen unserer politischen Freiheit. Diese zu erhalten bestimmt die Ausrichtung unseres Handelns am Maßstab des Menschen als mündigen Bürger. Handeln wir nicht unter dieser Maxime, indem wir die Unabhängigkeit unseres beruflichen Tuns nicht mit unserer Verantwortung für die Belange unserer Mitbürger begründen, verspielen wir die Glaubwürdigkeit und mit ihr unseren Anspruch, als Architekten unsere Umwelt mitzugestalten."

Mit diesem Appell an unser persönliches, berufliches und politisches Selbstbewusstsein in Freiheit und Verantwortung wünsche ich Ihnen zum Eintritt in Ihren Beruf als Architekt oder Architektin alles Gute, Freude und Erfüllung in Ihrer Arbeit und nicht zuletzt das Glück der Tüchtigen.

7 Die Herausforderung des Architektenberufs – ein Apell an die nächste Generation

Beitrag zum 150-jährigen Jubiläum
der Akademischen Verbindung Vitruvia, Stuttgart 2018

Meine ersten Berührungen mit dem Bauen liegen etwa 65 Jahre zurück bei der Errichtung des elterlichen Wohnhauses bei Tübingen.
Dort fiel die Entscheidung, dass ich Architektur studieren könnte, als der Dorfarchitekt den Handwerkern anhand von Plänen vermittelte, was sie auszuführen hätten und sie dies auch tatsächlich umsetzten. Das hat mich so beeindruckt, dass ich mich an der TH Stuttgart anmeldete und mit etwas Glück die Eignungsprüfung zur Zulassung überstand.
Ich frage mich, welche Ambitionen und Erwartungen die heutigen Jahrgänge an das Studium und die daran sich hoffentlich anschließende Architektentätigkeit und die daraus resultierende Architektur stellen.
Sind es Modeerscheinungen, vielleicht Verlegenheiten, weil es zum Medizin- oder dem Jurastudium nicht reichen könnte oder ist sich diese Generation bewusst, dass mit der Berufswahl Architekt nicht das große Geld zu verdienen ist, aber eine Chance besteht, hier einen entsprechenden Beitrag zu leisten, um unsere Umwelt lebenswert zu erhalten?
Vor diesem hoffentlich erstrebten Ziel liegt der lange Weg eines Studiums und einer studienbegleitenden Praxiserfahrung, die beide auf ihre Weise das Bewusstsein, auf dem richtigen eingeschlagenen Weg zu sein, stärken sollten, denn die berufliche „Wirklichkeit" mit all ihren Facetten steht ja noch aus.
Was aber die Studienzeit, und ich meine tatsächlich die Zeit nach Stunden und Jahren gemessen, so wertvoll macht oder machen sollte, ist die Möglichkeit, nicht nur die technologische Seite, sondern viel mehr und darüber hinausgehend die kulturellen Aspekte, soweit sie überhaupt vermittelt werden können, sich selbst zu erarbeiten durch den Blick über das hochschulgesetzte Pflichtcurriculum hinaus auf eine Welt außerhalb der Hochschule, geschärft durch Reisen und Sinnerfahrungen im In- und Ausland.

Denn die Hochschulzeit bietet die Chance, zu sich selbst zu finden und sich seiner individuellen Fähigkeiten zu vergewissern in Vorbereitung auf die Herausforderungen, die einen im künftigen Berufsleben erwarten.
Und spätestens dann hat man es mit einer ganzen Reihe von Akteuren zu tun, die alle ihre jeweilige Position bereits gefunden haben und mit denen es heißt, zu ringen um die jeweils bestmögliche Lösung, sodass alle Belange, seien sie technisch, gesellschaftlich und letztlich im besten Sinne politisch, mit gutem Gewissen vertreten werden können.
Dass die jeweiligen Zielsetzungen der Beteiligten nicht immer von vorneherein in dieselbe Richtung gehen, macht unsere Rolle als Moderatoren und Vermittler, mehr im Sinne einer Dienstleistung als eines Diktats, umso wichtiger.
Dieser Kreis der Akteure, die mit uns auf der Bühne des baulichen Geschehens stehen, ist umfangreich, ausgehend von den Auftraggebern, die heute immer öfter von Immobilieninteressen geprägt sind, hin zu den planenden Ingenieuren der verschiedenen Fachrichtungen, angefangen vom Tragwerk über die Gebäudetechnik bis hin zum Verkehr, ohne die in enger interdisziplinärer Zusammenarbeit mit ihnen kein Ergebnis, das seine Berechtigung innerhalb unseres Gemeinwesens verdient, entstehen kann.
Schließlich kommt es aber, was Ihren Beitrag in diesem Konzert anbelangt, auf die Art und Weise an, wie Sie im Rahmen des jeweiligen Büros, in dem Sie als angehender Architekt oder als angehende Architektin über einen gewissen Zeitraum Mitarbeiter/in und damit Mitglied einer zwischenmenschlichen und hoffentlich enthierarchisierten Gemeinschaft auf Zeit sind, sich einstellen und einbringen.
Sie müssen sich entscheiden, was Ihnen heutzutage wichtiger ist: einen Job mit einer guten „Work-Life-Balance" zu ergattern oder ob Sie tatsächlich überzeugt sind, dass der gewählte Beruf die ganze Spanne des beruflichen wie privaten Lebens gleichermaßen umfasst und einfordert, wenn er in einer zunehmend disparaten Gesellschaft und angesichts einer bedrohten Umwelt Bedeutung und Wirkung zeigen soll.

8   Beitrag zum Ausstellungsprojekt „Telling a Work of Art"

Akademie der Künste, Berlin 2019

Was ist gute Architektur?
Vor die Entscheidung gestellt, aus einer Fülle von exemplarischen Werken der Architektur des 20. Jahrhunderts eines herauszugreifen, das quasi pars pro toto für alle anderen stehen soll, hat man die Qual der Wahl aus mehreren, die sich einem dabei aufdrängen.
Ich könnte ohne Zögern jeweils ein Werk der klassischen „Großen Drei" nennen,
- das Farnsworth House in Plano/Illinois (1951) von Mies van der Rohe
- das Verwaltungsgebäude der Johnson Wax Company in Racine/Wisconsin (1939) von Frank Lloyd Wright
- das Kloster La Tourette in Eveux (1960) von Le Corbusier

ohne, dass ich mich dem Vorwurf eines „Retrospektiven" aussetzen müsste.

Ich möchte aber, vor diesem Hintergrund, eine bauliche Anlage benennen, die sich mir in den letzten Jahren aufs Stärkste eingeprägt hat, weil sie die architektonischen Philosophien der „Großen Drei" auf besonders eindrucksvolle Weise in sich vereint.
Ich meine das Salk Institute in La Jolla, Kalifornien (1966) von Louis Kahn. Hier finde ich die großen Themen der Wegbereiter der klassischen Moderne in einem neuen Kontext wieder:
- die strukturelle und organisatorische Klarheit bei Mies van der Rohe
- die visuelle und taktile Qualität „naturbelassener" Materialien bei Frank Lloyd Wright
- die Plastizität und Körperlichkeit der „Volumen unter dem Licht" bei Le Corbusier

und schließlich, was allen gemeinsam ist,
- die Durchdringung und das Wechselspiel von Innen und Außen.

Was das Salk Institute darüber hinaus so besonders macht, dass ich gerade dieses Beispiel aus vielen anderen möglichen benenne: Louis Kahn schafft einen unverwechselbaren Ort in einem starken Spannungsverhältnis zwischen Land und Meer. Nicht die Volumen der

Gebäude sind dabei das Wesentliche, sondern der von ihnen beidseitig gefasste, fast atemberaubend freie Raum „unter dem Himmel", dessen Basis eine großzügige, unverstellte Plattform bildet, die sich gegen den Horizont scharf absetzt und dadurch die Verbindung zwischen „Festland" und der „Unendlichkeit" des Himmels und des Meers eindrucksvoll in Szene setzt.

Die Baulichkeiten stehen fest auf der Erde und markieren mittels ihrer Materialität – roher Beton im Wechsel mit bewittertem Holz, Natursteinflächen und präzisen Glasebenen – den Ort in der Landschaft. Die räumlichen Durchdringungen innerhalb der baulichen Strukturen sind von überraschender Vielfalt mit je nach Standpunkt wechselnden Ein- und Ausblicken, begleitet von einer Lichtführung, die zwischen blendender Helle und tiefen Schatten die Plastizität der baulichen Volumen ins Skulpturale überhöht.

Dass dieser Ort dennoch für Menschen geschaffen ist, wird an dessen funktionaler wie ästhetischer „Aneigenbarkeit" bis ins Detail deutlich, seien es Handläufe, Türschilder, die Wohnlichkeit der „Studierzellen", die Muster der Holzblenden oder die Frische der Wasserspiele.

Dass die Anlage eine Forschungseinrichtung von höchstem wissenschaftlichem Rang beherbergt und dabei deren Erscheinungsbild nicht ins Intellektuell-Kühle abgleitet, sondern ihre architektonische Eigenständigkeit in einem aufregenden Zusammenklang von Raum, Licht und Material postuliert, erklärt letztlich, weshalb auf die Frage „Was ist gute Architektur?" meine Antwort mit diesem Beispiel zusammenfällt.

9 Die Bedeutung des Ortes für die Gestalt unserer Bauten

Beitrag zur Zeitschrift „Der Bauberater" des
Bayerischen Landesvereins für Heimatpflege, München 2023
(Abb. Starnberg S. 131, Pforzheim S. 143)

Wir werden immer wieder gefragt, was unser architektonischer „Stil" sei, worauf wir entgegnen müssen, dass wir damit nicht dienen können in dem Sinn wie die Frage gemeint ist. Denn von einer „Marken"-Architektur, wie sie von manchen Kollegen gepflegt und von bestimmten Auftraggebern bevorzugt wird, halten wir nichts, weil eine solche vorgefasst und aufgesetzt wirkt, dabei die Gestalt oftmals a priori festgelegt wird nach einem gewollten formalen Kanon oder gar einer kommerziellen oder politischen Zielsetzung, anstatt sie aus den Bedingungen einer jeweils anders gearteten Aufgabenstellung entstehen zu lassen.
Je nachdem, wo der inhaltliche Schwerpunkt einer Bauaufgabe liegt, wird deshalb in unserer Arbeit dieser oder jener Aspekt für die Gestalt des Gebauten zum Tragen kommen, wobei die Rahmenbedingungen und Bindungen, seien es lokale, kulturelle, materielle oder ökonomische Voraussetzungen, das jeweilige Ergebnis mitbestimmen.
Dies soll jedoch nicht so verstanden werden, dass wir kein architektonisches Konzept oder gar „Leitbild" hätten, das sich, jeweils neu und nicht vorgefasst, unwillkürlich im Laufe der Auseinandersetzung mit einer Bauaufgabe einstellt. Schließlich leben wir nicht in einem geschichts- und beziehungslosen Raum, sondern sehen in den auf uns zukommenden Aufgabenstellungen immer auch die Chance, Verbindungen herzustellen und aufzuzeigen zwischen Vergangenheit, Gegenwart und Zukunft, zwischen Vorhandenem und Zugefügtem, ganz im Sinne eines Gewebes, das weitergesponnen oder einer Geschichte, die weitererzählt werden möchte.
Innerhalb dieser Abwägung, welchem der für einen Entwurf maßgeblichen Aspekte der Vorrang vor den anderen eingeräumt werden soll, kommt dem jeweiligen Ort, an dem das zu Bauende entstehen soll, eine entscheidende Bedeutung zu. Mit dem „genius loci" – dem Geist, der von einem Ort ausgeht – beginnt das Aufspüren bestimmter örtlicher Gegebenheiten. Voraussetzung für die ersten Entwurfsschritte, angefangen bei der Eigenart

des künftigen Bauplatzes und seines engeren und weiteren Umfelds, sei dies eher landschaftsbezogen oder stadtgebunden.
Ganz bewusst werden vor diesem Hintergrund zwei unterschiedliche Beispiele gegenübergestellt, die diesen Einfluss der Ortsbezogenheit auf den Entwurf und das gebaute Ergebnis aufzeigen sollen:
Zum einen das (erweiterte) Landratsamt in Starnberg und zum anderen das (neue) Alte Rathaus in Pforzheim.
Dem Anliegen, das Landratsamt eher als „Haus des Bürgers" denn als Behörde zu begreifen, kommt die besondere Lage des Baugeländes entgegen:
Im Weichbild des Starnberger Sees und der Voralpenlandschaft war ein auf die Eigenart dieser Situation antwortender Entwurf gefordert, der die Anliegen einer bürgernahen Verwaltung mit dem Erholungs- und Freizeitaspekt der Seenähe in Einklang bringt.
Dieses Zusammentreffen von Bedingungen aus Aufgabenstellung und Eigenart des Orts – Dazukommendes und Vorhandenes zu einem neuen Ganzen zu fügen – bedeutete eine Herausforderung, die uns als Architekten von den ersten Entwurfsansätzen bis zum fertigen Werk fasziniert hat.
Das Entstandene löst das im Wettbewerbsentwurf Versprochene ein: Die Anlage zeigt sich als flachgestreckte, feingliedrige, für Kopf, Auge und Schritt offene Struktur, deren „Bau-Körperlichkeit" unter einem schützenden Dachschirm weitgehend aufgelöst ist – Raum wird wesentlicher als Masse.
Das bauliche „Gewebe" verbindet sich ohne Härten mit der Umgebung – Landschaft kommt zu Gebautem und umgekehrt. Obwohl nicht direkt am Seeufer gelegen, reicht das Wasser des Sees doch über die verlängerten Kanäle der Wassersportsiedlung bis ans Gebäude.
Land, Wasser und Himmel sind folglich auch diejenigen Elemente, die in den Materialien, Konstruktionen und Farben des Bauwerks „reflektiert" werden.
Dass die aufgrund des gestiegenen Raumbedarfs erforderliche bauliche Erweiterung in der gleichen Form wie der Bestand ermöglicht wurde, ist dem klaren Bekenntnis des Kreistags zu der konsequenten architektonischen Gestaltung seines „Hauses" zu verdanken.

Völlig andere Rahmenbedingungen führten zum Entwurf und der Realisierung des Pforzheimer Beispiels.
Hier war der Ortsbezug nicht die Landschaft, sondern die Stadt selbst mit ihrer räumlichen und kommunalen Mitte.

Die drei Pforzheimer Rathäuser bilden ein die Stadtmitte bestimmendes Ensemble miteinander verbundener, jedoch als Bautypus eigenständiger Gebäude:

das denkmalgeschützte „Alte Rathaus" von 1910/11 als Zeitzeugnis insbesondere der Kriegszerstörung und des Wiederaufbaus, das Technische Rathaus von 1956/57 als qualitätsvoller Vertreter des Bauens der 50er-Jahre und das Neue Rathaus, ein typischer Beitrag der frühen 70er-Jahre. Hatte sich das Technische Rathaus in Grundriss und Höhenentwicklung noch auf das Alte Rathaus respektvoll bezogen, so geriet Letzteres durch den Bau des Neuen Rathauses zu einem rückwärtigen Anbau.

Der Umbau des Alten Rathauses sollte sich daher an seiner neu zu bestimmenden Wertigkeit und an den Gegebenheiten unterschiedlicher baugeschichtlicher Entstehungszeiten orientieren. Dabei waren Originalzustand, Wiederaufbau, Sanierung und bauliche Ergänzungen klar zu differenzieren und in ihren historischen „Schichtungen" herauszuarbeiten.

Die ständige Abwägung zwischen wünschenswerter Erhaltung und erforderlichem Neubau setzte in diesem Fall den Rahmen für die gestalterischen Entscheidungen.

Ob Starnberg oder Pforzheim – in beiden Fällen gab der Bezug zum jeweiligen Ort und dessen Eigenart letztlich den Ausschlag für das architektonische Konzept, auf diese Weise die unverwechselbare Gestalt der jeweiligen Baulichkeiten manifestierend.

Soziale Themen

10 Sport und Architektur

Beitrag zum Seminar „Sportdesign", rotis 1975

Wenn in England vor rund 150 Jahren Männer von ihrem „Sport" sprachen, war die Frage nach den Wechselbeziehungen zwischen Sport und Architektur sicher nicht aktuell.
„Sport" war nämlich damals, wenn man der ursprünglichen Bedeutung des Werts nachgeht, ein Sammelbegriff für alles, was mit „Scherz, Unterhaltung, Zerstreuung, Spiel", so das englische Lexikon, zu tun hatte. Das Spektrum der Aktivitäten unter diesem Motto konnte reichen vom galanten Umgang mit einer reizvollen Dame – „she is my sport" – bis zu geselligen oder gesellschaftlichen Unternehmungen mit der Angelrute, dem Ruderboot oder dem Pferd.
Wie man sieht, alles Sportarten, die nicht unbedingt an einen architektonischen Rahmen gebunden sind, ja geradezu dieser Einengung entfliehen, um ihre Erfüllung in der freien Natur zu suchen, wie auch heute noch beispielsweise das Bergsteigen, der Segelflug oder der Skilauf.
Der Anlass der Architektur – die Behausung, der Schutz des Menschen vor der Natur und der Anlass des Sports –, seine freiwillige Exponierung ihr gegenüber, entspringen gegensätzlichen Bedürfnissen.
Erst als der Drang nach sportlicher Betätigung weitere Kreise erfasste, ausgelöst durch soziale und hygienische Missstände des frühen Industriezeitalters, und sich daraus die Notwendigkeit ergab, den Sport auch innerhalb der großen Städte zu ermöglichen, entstanden „Anlagen für sportliche Bewegung": der ebene, rechteckige Platz für Ballspiele, die Laufbahn, das Schwimmbecken, die Halle für turnerische Übungen und so weiter, also künstliche Situationen aus dem Naturzusammenhang herausgenommen.
Seitdem Sport als Auseinandersetzung mit der Anlage, der Geräte der Mitspieler oder Gegner betrieben wird und vor allem seitdem sich das Interesse am Sport über das „Aktive" des Sporttreibenden zu einem „Passiven" des Zuschauenden vervielfacht hat, stellt sich die Frage nach dem Baulichen, die in jeder Kulturgesellschaft zwangsläufig zur Frage der Architektur wird.

Architektur spiegelt die gesellschaftlichen Kräfte wider, die zum Zeitpunkt ihres Entstehens wirksam waren. Auch die Architektur für den Sport gibt hierfür treffende Beispiele:
- Das ländliche Anwesen eines englischen Ruderclubs um 1830 als Ausdruck der Naturbezogenheit im Sinne englischer Parktradition.
- Die kasernenartige Nüchternheit einer deutschen Turnhalle um 1910 für die Leibeserziehung zum Wohle des Vaterlands.
- Das Wembleystadion in London um 1923 als Hochburg des Sports mit wuchtigen Ecktürmen.
- Das Olympiastadion in Berlin 1936, in den monumentalen Achsen des „Reichssportfeldes" und auf persönlichen Wunsch des Diktators mit Naturstein verkleidet, um den Ewigkeitsanspruch des Regimes vor aller Welt zu manifestieren.
- Die an der japanischen Formtradition orientierte Architektur Kenzo Tanges für die Spiele in Tokio 1964 oder der auf den Mittelpunkt des sportlichen Geschehens konzentrierte Kuppelraum Felix Candelas in Mexico 1968

und schließlich 1972 in München
- der Versuch, den architektonischen Rahmen aufzulösen, um das sportliche Ereignis wieder in enger Beziehung zu Landschaft und Umgebung wirksam werden zu lassen.

Immer war Sportarchitektur auch Ausdruck des Zeitgeists und der jeweiligen Einstellung zum Sport – eine Tatsache, die in vierjährigem Rhythmus vor allem in den Bauten für Olympische Spiele deutlich wird –, überzeugende Dokumente einer fruchtbaren Wechselwirkung zwischen Sport und Architektur.

Wie aber sieht es mit dem sportlichen Alltag heute aus?
Die „herrlichste Nebensache der Welt" hat sich, wie Walter Jens in seiner Rede zum DFB-Jubiläum sagte, „zu einer gesellschaftlichen und politischen Potenz ausgewachsen, die, was Reputation betrifft, längst die Schönen Künste überflügelt hat. Die Prinzipien unserer Arbeitswelt: Rationalität, Planung, Konkurrenz und Erfolg sind auch Prinzipien des Sports".
Wir sprechen von „Breitensport", „Hochleistungssport", ja sogar vom „Berufssport", ein Widerspruch in sich, wenn wir den Sinn des Sports im Ausgleich zum Beruf sehen. Der, von welcher Seite auch immer, geweckte Bedarf für sportliche Betätigung wird mit Gründlichkeit registriert,

institutionalisiert, mit Organisationstalent und nicht zuletzt mit finanziellem Aufwand „befriedigt" und verwaltet.

Ein vor kurzem im „Architektenblatt" erschienener Beitrag macht den Architekten auf seine Pflichten und Verantwortung, die er gegenüber dem Sport als Gesellschaftsfaktor hat, aufmerksam.

Hier steht unter anderem: „[W]enn auch gegenüber früheren Prognosen der Anteil an arbeitsfreier Zeit nicht uneingeschränkt für Spiel und Sport benutzt wird, sondern zu einem großen Teil durch passive Erholung […] ausgefüllt ist, zeichnet sich dennoch ein wachsender Bedarf an sport- und freizeitbezogenen Anlagen ab, die Entwicklung zwischen 1960 und 1975 hat gezeigt, dass die vorgegebenen Bedarfszahlen […] aus der heutigen Sicht nicht ausreichen […].

Gemeinden, Länder und Bund werden in gleicher Weise wie in den vergangenen 15 Jahren auf das Anliegen breitester Bevölkerungsschichten eingegangen wurde, auch in Zukunft gemeinsam versuchen, den neuen Bedarfsrichtlinien niedergelegenen Forderungen zu erfüllen […].

Die Investitionssummen der öffentlichen Hand für den Sportstättenbau und die hohen Unterhaltungskosten verpflichten die Verantwortlichen aus ökonomischer Sicht und wegen der Nutzungsintensität zu optimalen Lösungen."

Und an anderer Stelle:

„Deshalb müssen dem Rat und der Verwaltung Entscheidungshilfen an die Hand gegeben werden, um die optimale Nutzung der Investitionen zu sichern."

Vergessen also der Spaß des ungebundenen Vergnügens, das der Sport einmal war. Hier wird mit Ernst und Sachverstand, ausgehend vom „Stellenwert" des Sports in unserer Gesellschaft, argumentiert.

Es entstehen Normen, die den Mindestspielraum und die Mindestausstattung für sportliche Betätigung festlegen, sicher in guter Absicht, alles „Unnötige" zu vermeiden, um mit den verfügbaren Mitteln möglichst weit zu kommen.

Aufgrund der Normen entstehen jedoch Bauten, die, sollen sie bezuschusst werden, sich mit diesen Normen decken müssen.

So entstehen zum Beispiel Normsporthallen, deren Architektur sich nach der Regel Länge x Breite x Höhe ergibt. Sicher kann in einer solchen Halle Sport getrieben werden, genauso, wie in einer Sozialwohnung gewohnt werden kann, deren Raumabmessungen, Funktionsabläufe, Belichtung und Ausstattung nach DIN festgelegt sind.

Aber ist es mit Wohnen nach DIN, mit Sport nach Norm getan? Offensichtlich reicht es nicht, ein Funktionsschema baulich auf knappstem und billigstem Weg zu umfahren; offensichtlich gehört dazu, die Frage nach dem wer, wo, was im Baulichen erkennbar und empfindbar zu machen. An der Norm mag die Verhältnismäßigkeit der Mittel gemessen werden, in ihrer Erfüllung zugleich die Erfüllung der architektonischen Aufgabe zu sehen, wäre ein Kurzschluss.

Auch Sportarchitektur hat zwei Seiten, eine innere, spezifisch sportbezogene und eine äußere, umweltbezogene. Beide Seiten müssen ausgewogen sein, wenn das Resultat stimmen soll.

Die sportliche Funktion wird zur Genüge abgesichert durch Richtlinien. Wünsche der beteiligten Gremien und Experten, die aber allzu gerne die Sportgerechtigkeit durch die Brille des Hochleistungssports sehen und so zu jeweils „maximalen" Forderungen, oft auf Kosten anderer Gesichtspunkte, kommen.

Wie steht es aber mit dem Bezug zur Umwelt? Können wir uns leisten, dass wir gut funktionierende Solitäre in die Landschaft setzen?

Hat eine Gesellschaft wie die unsrige nicht die Verpflichtung, mithilfe ihrer Bauten ihr Gefüge zu verdeutlichen, in Ordnung zu bringen oder zu halten? Denken wir an das schwäbische Rathaus, das mit dem Schulhaus und der Kirche die Ortsmitte – die geografische wie die geistige – kennzeichnete, oder in England an das „common green", das gemeinsame Grün, in dem sich Spiel und Sport in zwangloser Form ansiedeln.

Was würden wir davon halten, dass ein potenzieller Faktor unserer Gesellschaft, zu der der Sport nun einmal geworden ist, sich mit seinen Interessen ins Abseits begibt, beispielsweise, indem ein dörflicher Vereinsplatz, der bislang Kindern und Jugendlichen Treffpunkt für Spiele war, mit Geldern aus dem „grünen Plan" eingezäunt wird mit der Begründung, der Rasen würde durch diese vereinsexterne Nutzung zu sehr belastet.

„Öffentlichkeit" heißt „offen sein, eingehen auf". Dieser Öffentlichkeit ist der Sport in hohem Maße verpflichtet, denn er lebt aus ihr, wird von ihr getragen.

Diese Verpflichtung gegenüber der Öffentlichkeit kann sich nicht nur auf die Einhaltung von Normen und die Absicherung gegenüber der Rechnungsprüfung beschränken.

Wir stehen vor dieser Dualität: hier verantwortlicher Bauherr und Architekt, dort Investition, Norm, Abrechnung, Unterhaltung. Aus dieser Spannung heraus muss im Abwägen, im Geben und Nehmen, dafür Sorge getragen

werden, dass der „Rest", der nach der Erfüllung der Mindestforderungen ansteht, nicht auf der Strecke bleibt, denn dieser Rest mag vielleicht quantitativ der kleinere Posten, qualitativ aber ausschlaggebend sein für die Verknüpfung des Gebauten mit dem gesellschaftlichen Gewebe.

Von einem Generalunternehmer können wir dieses Bewusstsein der erweiterten Verantwortung nicht verlangen. Er wird als Vertreter der Privatwirtschaft darauf zu achten haben, dass am Schluss Gewinn und Konkurrenzfähigkeit für sein Unternehmen stimmen. Der bequeme und scheinbar sichere Weg für den Auftraggeber, ein „schlüsselfertiges" Bauwerk zu günstigen Konditionen zu bekommen, deckt sich nicht mit allen Gesichtspunkten der Aufgabe.

Mit der Tendenz zur Ausschließlichkeit würde sich der Sport seiner besten Tugenden berauben: der Möglichkeit, Menschen zusammenzubringen zu einem gemeinschaftlichen Erlebnis. Er liefe Gefahr, in eine „Black box"-Situation zu kommen, die sich in organisiertem Umtrieb und narzisstischer Selbstbezogenheit erschöpfen und ihn so der Gemeinschaft entfremden würde. Denn muss es nicht bedenklich stimmen, wenn einerseits für die Sicherheit und den Komfort des Zuschauers alles getan wird, um ihn zu den Veranstaltungen zu bekommen, er aber an Ort und Stelle durch Zäune und Gitter in Schach gehalten werden muss?

Was erwarten wir demnach von einer Sportarchitektur in unserer Zeit?
- Wollen wir sie einsetzen zur „Bedarfsdeckung", die sich aus Trends und Mangelsituationen ermitteln lässt?
- Oder brauchen wir sie für die kulturelle Legitimation des Sports als Träger eines Ersatzkults – einst Nation, heute Stadion?
- Oder wird sie uns helfen müssen, über das materiell „Notwendige" hinaus den Blick für die Umwelt zu erhalten, damit, wie Adolf Arndt sagt, „[…] ein jeder Mensch sich als Mensch für sich und als Mensch im Gefüge gewahrt"?

Viele Einflüsse drohen in unserer Zeit das sportliche Erlebnis zu überlagern, es aus dem Zusammenhang von Natur, Umwelt, Öffentlichkeit herauszulösen: geschlossene Hallen und voll überdachte Stadien, künstliches Licht, künstliches Klima, Fernsehgerechtigkeit, Komfort und Sicherheitsvorkehrungen für Aktive und Zuschauer, um nur einige der „Isolierschichten" zu nennen, in die der Kern des Geschehens eingepackt wird. Innerhalb dieser Abgeschlossenheit entwickelt der Sport seine eigenen Gesetze, die, da sie nicht mehr im Einklang mit der Umwelt stehen, zu Unausgewogenheit und sogar zu Aggressivität führen können.

Wir sehen die Aufgabe, die der Sport an den Architekten stellt, in erster Linie darin, das Ereignis an sich und in Bezug zur Umwelt wirksam werden zu lassen. Je imposanter die Architektur, desto untergeordneter das Geschehen. Je zurückhaltender der bauliche Rahmen, umso unmittelbarer das Erlebnis.

Es wird die Aufgabe des Architekten bleiben, seine ganze Phantasie und sein ganzes Können darauf zu verwenden, das baulich Notwendige so zu gestalten, dass der Sport als Teil unseres gesellschaftlichen Lebens wirksam und als Teil unserer Umwelt erlebbar wird.

Noch ein Wort zur Verbindung von Sport und Kunst. Der Gedanke geht zurück auf das klassische Altertum. Wettkampf galt damals als Huldigung an die Gottheit. Die Einheit von Körperkunst und bildhafter Kunst war noch vorhanden.

Wem huldigt, wenn wir schon das griechische Vorbild auf unsere Tage zu übertragen wagen, der Sport heute? Der Schönheit des Menschen. Der Willenskraft und Leistungsfähigkeit der menschlichen Natur, der dem persönlichen Ehrgeiz, dem Publikum, oder gar der Presse, das Fernsehen, der Reklame?

Wo könnte eine Brücke zur Kunst geschlagen werden? Wer kann beurteilen, ob sich Sport mit Kunst verbinden kann oder soll?

In einer Zeit, in der das freie Kunstwerk als Gegenstand schöpferischer Gestaltung „vielfältig und nie erschöpfend deutbar" von einer Flut von Abbildern bedroht ist, wird die Intensität des künstlerischen Erlebnisses weniger von seiner allgemeinen öffentlichen Gegenwart abhängen, sondern von der Konzentration auf das Werk. Hier ist der persönliche Bezirk angesprochen. Es geht heute weniger um Bereicherung als um Vertiefung.

Als Architekten meinen wir, dass Bauten für den Sport, ähnlich den großen Bauaufgaben der Vergangenheit, wie Bahnhöfe, Markthallen, Brücken, Zeugnis menschlichen Geists ablegen können und sollten, nicht zuletzt durch ihre Herausforderung aufgrund der großen Spannweiten, der Weiträumigkeit und ihrer Bedeutung im sozialen Gefüge. Atelierkunst wird in dieser Umgebung immer verloren wirken, selbst wenn sie ins Kolossale übersteigert würde.

Architektur hat in sich künstlerische Aspekte, solange der Architekt persönlich Stellung nimmt zu den Problemen seiner Zeit und sie im Rahmen der gestellten Aufgabe zum Ausdruck bringen kann.

Auf diesem Weg könnten Sport und Architektur eine kulturelle Aufgabe gemeinsam erfüllen.

11   Referat „future office"

Literaturhaus München, 12. April 2002

Wenn wir heute von „Bürobauten" sprechen, so denken wir
unwillkürlich an eine Reihe mehr oder weniger geläufiger Typologien
und Organisationsformen unter dem Aspekt, wie Arbeitsplätze,
die sich ausschließlich mit Büroarbeit befassen, nach arbeits- oder
unternehmensspezifischen Gesichtspunkten zu mehr oder weniger großen
baulichen Einheiten zusammengefasst werden können.
Wir reden also von Monostrukturen, die aus der gängigen Annahme
resultieren, dass gleichgeartete, auf einen Zweck ausgerichtete Nutzungen
automatisch zu einer Konzentration hierfür speziell eingerichteter
Räumlichkeiten führen müssen.
Diese Folgerung war über Jahrhunderte selbstverständliche
Voraussetzung, da die effektive Leistung, der Austausch und die
Potenzierung der Arbeit nur über die direkte Präsenz und Nähe derjenigen
sichergestellt war, die unter einer übergeordneten Leitung ihre Arbeitskraft
an einem hierfür speziell geschaffenen Ort, eben der „Arbeitsstätte",
einbrachten.
Es fällt nicht leicht, sich vorzustellen, dass dieser Zustand sich einmal
ändern könnte – zu vertraut und allgegenwärtig ist der Begriff des
Bürogebäudes als spezielle Bauform für eine spezielle Arbeitsform, die
bis heute als selbstverständlicher und existenzieller Bestandteil der
Lebenszeit vorausgesetzt wird.
Und doch nehmen wir allenthalben die zunehmenden Veränderungen
dieses eingesessenen Bildes wahr; denken wir nur an die
bereits vorhandenen und sich immer rascher entwickelnden
Kommunikationsmöglichkeiten, die eine körperliche Anwesenheit an einem
bestimmten Ort, weder in zeitlichen noch räumlichen Bindungen und
Abhängigkeiten, zunehmend entbehrlich machen und die Forderung nach
einem nur für einen bestimmten Zweck ausgelegten Gebäude fraglich
werden lassen.
Erste Anzeichen für eine unter veränderten Bedingungen und Chancen
sich ändernden Arbeitsform sind immerhin bereits in Erprobung; nehmen
wir nur die Entwicklung auf dem Gebiet der Teilzeit- oder Telearbeit, die
dem Arbeitenden ganz neue Möglichkeiten seiner Lebensstrukturierung
und seines individuellen Arbeitsumfelds gibt.

Wenn wir noch weiter in diese Richtung vorausdenken, wird sich uns die Grundsatzfrage nach der „Zukunft der Arbeit" ganz generell und immer unausweichlicher stellen, ihres Stellenwerts innerhalb unserer Gesellschaft, ihrer zunehmenden Verknappung angesichts einer immer weitreichenderen Übertragung bisher persönlicher Leistungsdomänen auf prozessuale Abläufe und, damit einhergehend, die zunehmende Entbehrlichkeit von Arbeitskräften mit der Folge der Entbehrlichkeit auch von diesen bisher beanspruchten Arbeitsplätzen.
Es ist sicher hier und heute nicht der Ort und die Veranstaltung, diese Gedanken weiter zu vertiefen. Sie sollten uns jedoch bewusst sein, wenn wir von Büroarbeit und von Gebäuden sprechen, die gezielt für diese Arbeitsform von der Vergangenheit bis heute mit bedenklicher Selbstverständlichkeit konzipiert und realisiert werden.
Deshalb möchte ich im Folgenden versuchen, die uns bis heute geläufigen Aspekte der Aufgabenstellung „Bürobau" vor dem Hintergrund dieser weiterreichenden Problematik zu sehen und einzuschätzen.

Hier wäre als erstes die Gebäudetypologie zu nennen.
Wir kennen Bürogebäude unterschiedlicher Ausdehnung in der Fläche und in der Höhe.
Dies hat zunächst mit der Größenordnung des geforderten Raumprogramms und dessen Unterbringung innerhalb eines verfügbaren Grundstücks zu tun, im Weiteren jedoch mit der Frage der Stellung und Bedeutung des Gebäudes im stadt- oder landschaftsräumlichen Kontext, die je nach Interessenlage und Einfluss der Beteiligten sich stärker am Planungsrecht oder an den Wünschen und Forderungen des Bauwilligen orientiert.
Hier lässt sich unschwer feststellen, dass, je stärker sich ein solches Gebäude in der Vertikalen organisiert – sei es aus Gründen der inneren Funktionen, des beschränkten Baugrunds oder, was oft das eigentliche Motiv für die Betonung der Vertikalität zu sein scheint, des Selbstdarstellungsanspruchs einer Kommune oder eines Unternehmens –, an ein solches Bauwerk strengere Kriterien und höhere Ansprüche bezüglich seiner raumbeeinflussenden Gestalt und deren Ausbildung im Einzelnen gestellt werden müssen als an solche Volumen, die sich im unteren bis mittleren Höhenbereich bewegen.
Während Letztere ihren Bezug zum stadträumlichen und sozialen Umfeld eher in der horizontalen Verknüpfung suchen, stellt das vertikale „Zeichen",

je singulärer es auftritt, eher weiträumige Bezüge her und übergeht dabei das relativ „flachere" Umfeld.
Hieraus ließe sich folgern, dass Bürobauten niedriger bis mittlerer Höhe per se integrativer sind, was ihr näheres Umfeld anbelangt, höhere dagegen aufgrund ihrer Zeichenhaftigkeit und damit verbundenen Präsenz im Stadtraum einerseits die räumliche Spannweite einer Stadtlandschaft veranschaulichen, andererseits jedoch für sich selbst, ähnlich den Türmen einer mittelalterlichen Stadt, eine Sonderstellung im Stadtbild beanspruchen, die sich bewusst über die sich im Gebauten widerspiegelnde gesellschaftliche Konvention einer Stadt erhebt.
Auch bezüglich der räumlichen Organisation, des Anteils an inneren Erschließungsflächen, des Angebots an internen Kommunikationsmöglichkeiten und der Anpassungsfähigkeit des Gebäudes an sich langfristig verändernde Nutzungen kommt man bei näherer Betrachtung der unterschiedlichen Typologien zu bestimmten Erkenntnissen.
Während Bürogebäude niedriger bis mittlerer Höhe aufgrund ihrer größeren Ausdehnung in der Horizontalen auch dezentral organisiert werden können und eine Fülle von räumlichen Fügungen zulassen oder erfordern – seien diese kamm- oder hofartig in linear-orthogonalen oder freien Geometrien –, die sich entweder aus der angestrebten inneren Organisation oder den Bedingungen des Baugrundstücks und seines Umfelds ergeben, bezieht sich das die Vertikale beanspruchende Bürohaus, sei es als „Turm", „Scheibe" oder als Mischform aus beiden konzipiert, in erster Linie auf sich selbst; wobei Übergangsräume zwischen Innen und Außen, z. B. über Höfe oder fingerartige Verzahnungen, die bei den anderen Typologien den Wechselbezug zwischen innerer Arbeitswelt und hierzu in Kontakt stehendem Außenraum herstellen, nicht möglich sind, es sei denn, sie würden innerhalb der Bindungen des vertikalen Umrisses geschaffen.
Die Arbeitsplätze auf den gestapelten Ebenen der vertikalen Struktur, zweifellos von hoher Attraktivität aufgrund des damit verbundenen Weitblicks und des Bewusstseins, im Blickfeld des Stadtraums sozusagen auf offener Bühne zu arbeiten, sind geschossweise peripher in erster Linie nach außen orientiert und bieten somit kaum die Möglichkeiten der inneren Kommunikation, wie sie ein eher flächig ausgedehntes Arbeitsfeld bieten.

Als bekannt vorausgesetzt werden kann auch das Problem des zunehmend ungünstigeren Anteils an Flächen für Erschließung, gebäudetechnischer Versorgung und Konstruktion bei zunehmender Höhe gegenüber

Gebäuden niedriger bis mittlerer Höhe, bei denen das Verhältnis zwischen „bedienten" und „dienenden" Flächen im Wesentlichen konstant und in einem ausgewogenen Rahmen bleibt.

Am Wesentlichsten erscheint mir jedoch der Unterschied zwischen diesen drei Typologien von Bürobauten bezüglich ihrer jeweiligen Nachhaltigkeit, wozu nicht nur die Frage nach dem Investitionsaufwand und der baulichen Lebensdauer gestellt werden sollte, sondern vielmehr deren jeweilige Anpassungsfähigkeit an die eingangs aufgezeigten Veränderungen unserer Lebens- und Arbeitswelt und letztlich auch der Beseitigung und Entsorgung solcher Strukturen nach Ablauf ihres baulichen Lebenszyklus. Auch hier tun sich erhebliche Unterschiede zwischen diesen drei Typologien auf.

Während Gebäude niedriger oder mittlerer Höhe in Verbindung mit ihrer überwiegend flächigen Ausdehnung flexibler sind, was sowohl die Erfüllung unterschiedlicher und sich verändernder Flächenansprüchen auf einer zusammenhängenden Ebene anbelangt als auch deren Anpassungsfähigkeit an sich verändernden Raum – oder Nutzungsbedarf durch partielle Erweiterungen oder Rückbauten, oder noch weitergehend, bei entsprechenden gebäudetechnologischen Voraussetzungen gänzlich umgenutzt werden können –, tut sich in dieser Hinsicht das vertikale Bürogebäude durch seine ihm immanente Bindungen ungleich schwerer. Begrenzt durch seinen knappen Umriss, seine Vielgeschossigkeit, seine zentrale Erschließung und die Gesetzmäßigkeiten aus vertikaler Lastabtragung und Aussteifung, werden Wachstumsänderungen und tiefer greifende Umnutzungen auf ein Maß reduziert, das innerhalb dieser engen Spielräume eben noch möglich ist.

Was schließlich den Rückbau und die Beseitigung von baulichen Strukturen betrifft, so hat uns der 11. September des vergangenen Jahres mit erschreckender Deutlichkeit bewusst gemacht, welche Energien es braucht, um solche vertikal gestapelte Gebäudemassen zu beseitigen. Uns steht nur begrenzter und kostbarer Lebensraum zur Verfügung, den wir, auch im Hinblick auf die nachfolgenden Generationen, nur mit äußerster Gewissenhaftigkeit „verbauen" dürfen, denn jede Baumaßnahme bedeutet zwingend auch einen Verlust an bisher freier, unverbauter Fläche.

Wenn aus diesem Grund auf die Zukunft gesehen das Argument, mehr als bisher in die Höhe zu bauen, stärkeres Gewicht bekommt, dann müsste diese Entwicklung einhergehen mit einer sich darauf einstellenden

Bau- und Bodenordnung und einer sich ändernden, auch von der Allgemeineinheit getragenen Auffassung von Stadt und Städtebau.
In jedem Falle sollten wir, gleich ob wir über sogenannte Büro- oder auch andere Gebäude reden, uns immer die Frage stellen, für welche Inhalte das jeweils Gebaute nicht nur im Interesse des Augenblicks, sondern auch hinsichtlich zukünftiger Veränderungen offensteht und diese in seine mannigfachen technologischen Strukturen bereits schon heute impliziert. Dieser Aspekt hat nur am Rande mit ästhetischer Gestaltung, sondern viel mehr mit gesellschaftlicher Verantwortung zu tun.

12   Referat „Gewalt und Raum"

Veranstaltungsreihe „Stadt und Gewalt"
der Bayerischen Architektenkammer, 24. Februar 2005

Beim Nachdenken über das heutige Motto „Gewalt und Raum" stellt sich zunächst die Frage, ob und gegebenenalls was diese beiden Begriffe miteinander zu tun haben.
Eine mögliche Antwort erscheint hier viel weniger nahe liegend als bei den Begriffspaarungen der vorausgegangenen Beiträge:
- Gewalt und Kontrolle
  das heißt, wie kann latente oder bereits entstandene Gewalt kontrolliert, also „beherrscht" werden oder
- Gewalt und Prävention
  das heißt, wie kann dem Entstehen von Gewalt vorgebeugt oder auch dem Vorsatz einer Gewaltausübung begegnet werden.

Nun also heute Abend und zum Abschluss der Reihe das Thema
- Gewalt und Raum
  Hier müssen wir feststellen, dass sich diese Begriffspaarung nicht so einfach ableiten lässt wie die beiden vorgenannten:
  Gewalt = Bedrohung, also Kontrolle
  Gewalt = Bedrohung, also Prävention, aber wie verhält es sich mit
  Gewalt = Bedrohung, also Raum?

Wir sehen, die direkte Paarung dieser beiden Begriffe führt so nicht weiter. Deshalb zunächst der Versuch einer Definition der beiden Begriffe „Gewalt" und „Raum" und wie diese uns im Sprachgebrauch begegnen. Zunächst der Begriff „Gewalt", von althochdeutsch waltan = herrschen, also eine Kraft, die einerseits von etwas Herrschendem/Beherrschenden ausgeht und sich andererseits auf etwas zwanghaft auswirkt, demnach sowohl eine aktive als auch eine passive Komponente hat mit den daraus abgeleiteten Begleitformen der Umgangssprache wie höhere Gewalt, und deshalb als solche nicht beherrsch- und beinflussbar ist wie zum Beispiel Naturgewalten (Erd-/Seebeben, Orkane, Lawinen) aber auch verordnete, also legitimierte Gewalt wie zum Beispiel Befehlsgewalt,

Staatsgewalt (Staatsräson). Aber auch gewaltig, außerhalb unserer gewohnten Maßstäbe von groß, weit, hoch und deshalb überdimensional, übermächtig und beeindruckend wie zum Beispiel Gebirge, Wüsten, Ozeane, Firmament, aber auch im Sinne von überwältigend im emotionalen Bereich wie zum Beispiel Musikgewalt, Sprachgewalt, Gefühlsgewalt.

Die zweite Seite des Begriffs Gewalt weist jedoch in eine ganz andere Richtung im Sinne von:
gewaltbereit, gewaltsam,
Gewalttätigkeit bis zur Vergewaltigung
aber auch
Gewaltverherrlichung.

Der Begriff „Gewalt" beinhaltet demnach zwei grundsätzlich unterschiedliche Tendenzen:
1. die passive Erfahrung von höherer oder vom Menschen ausgehender Gewalt als die nicht zu beeinflussende, anzuerkennende bis zu duldende oder zu erleidende auf Seite der Opfer
2. die aktive Ausübung der vom Menschen ausgehenden Gewalt als die legale oder illegale, gezielte bis provozierend-aggressive auf Seite der Täter

wobei die Reaktion auf a) entweder zur Resignation oder wiederum zu b) führen kann, also Abwehr, Gegenwehr bis Gegengewalt auslösen kann, das heißt das Opfer wird zum Täter.
Interessant und aufschlussreich in diesem Zusammenhang stellt sich auch die Frage nach dem Gegenteil von „Gewalt":
Nahe liegend sind die Begriffe wie Gewaltlosigkeit oder Gewaltfreiheit im Sinne von Nicht-Vorhandensein von Gewalt oder Verzicht auf Gewalt, aber gehören zu diesem Gegenteil vielleicht auch Begriffe wie Achtung, Toleranz, Wahlfreiheit, Zwanglosigkeit, Selbstbestimmung?
Und nun zum anderen Teil des Begriffspaars: „Raum" – ein Begriff, der sowohl das bisher noch Unerforschte/Unendliche, (noch) nicht Mess- und damit nicht Begrenzbare (Welt-Raum, Makro Mikrokosmos) als auch das mit unseren Sinnen drei- bis vierdimensional Erfass- und Begreifbare beinhaltet (Länge, Breite, Tiefe, Höhe, Eigenart, Anmutung).
Nur dieser zweite Aspekt, die Kategorie des vom Menschen erfassbaren und damit erlebbaren Raums als definierter Ausschnitt aus dem

grenzenlosen universalen Raum als sozialisierbares Territorium soll uns heute im Zusammenhang mit der Begriffspaarung „Gewalt und Raum" interessieren im Sinne von Martin Heideggers Definition „Eingefriedet sein in das Freie".
Aus dieser Fokussierung des Begriffs „Raum" auf die von uns sinnlich begreifbaren Dimensionen und die damit verbundenen sozialen Potenziale leitet sich wiederum eine ganze Fülle von Unterbegriffen und damit zusammenhängenden Qualitäten ab wie zum Beispiel
Außenraum = Ausgrenzung gegen Innen = Ferne/Abwesenheit/Fremde

Zwischenraum = Auflösung der Grenze zwischen Außen und Innen = Übergang
Innenraum = Abgrenzung gegen Außen = Nähe/Anwesenheit/Heimat

Außenraum	Innenraum
offen, extrovertiert	umschlossen, introvertiert
ausgesetzt	geborgen
nicht erfassbar	überschaubar/begreifbar
fremd- bzw. mitbestimmt	aneignen- und selbstbestimmbar
kollektiv/öffentlich	individuell/privat

Nach diesem Versuch einer Definition der beiden Begriffe „Gewalt" und „Raum" und ihrer unterschiedlichen Erscheinungsformen stellt sich schließlich die eigentliche Frage, um die es bei dieser Reihe geht, ob es zwischen diesen beiden Begriffen Wechselwirkungen gibt.
Interessanterweise stellt sich diese Frage gleich in doppelter Form, je nachdem, welcher von den beiden Begriffen dem anderen vorangestellt wird.
Welche Wechselwirkungen könnte es also geben zwischen
- Gewalt und Raum einerseits und
- Raum und Gewalt andererseits?

Oder um es noch drastischer zu formulieren:
- Gibt es einen „Gewaltraum", das heißt einen Raum, bei dem die Gewalt im Sinne des Beherrschenden das maßgeblich raumbestimmende und erfahrbare Element ist?

Natürlich denken wir dabei sofort an eine Folterkammer oder an ein Gefängnis als Raum institutionalisierter Staatsgewalt, aber vielleicht auch an ein Fußballstadion in Form eines „Hexenkessels" bis hin zu den ghettoartigen und für Außenstehende unzugänglichen Vierteln einer Großstadt, seien es Slums oder die gegen außen bewachten Oasen der

„gated communities". Umgekehrt formuliert, gibt es eine „Raumgewalt", das heißt eine Gewalt im Sinne des Gewaltigen, des Über-einen-Kommenden, die einen Raum zu einer überwältigenden Erfahrung macht?

Denken wir zum Beispiel an eine Kathedrale, vielleicht durchflutet von Orgelmusik, oder den Grand Canyon, die Stille einer Nacht unter dem Sternenhimmel, aber vielleicht auch an den Eindruck eines unter dem Zeltdach vollbesetzten Olympiastadions.

Sie stimmen sicherlich mit mir überein, dass es zu jeder der beiden Begriffspaarungen, je nachdem wie wir die Begriffsfolge wählen, jeweils unterschiedliche Wechselwirkungen und entsprechende Assoziationen gibt.

Bei dieser Veranstaltungsreihe wird es jedoch nicht in erster Linie um die Kategorie der „erhebenden Gewalt" gehen, die einen Raum zu einem eindrucksvollen bis überwältigenden Erlebnis macht, sondern um die andere Kategorie der verordneten bis aggressiv ausgeübten Gewalt und die Frage nach deren möglichen Relativierung mit Mitteln des Raums, der eben nicht durch Gewalt bestimmt ist und dadurch diese per se weder ausübt noch hervorruft.

Dies führt schließlich zur Kernfrage nach möglichen Ansätzen, Tendenzen im Umgang mit dem menschengeschaffenen Raum, sei er Außen-, Zwischen- oder Innenraum, öffentlicher oder privater, kollektiver oder individueller Raum, damit dieser möglichst wenig gewaltsame Zwänge, seien sie legal verordnet oder in anderer Absicht geschaffen, auf diejenigen ausübt, die auf diesen Raum als Lebensraum angewiesen sind. Wie könnten/sollten demnach Räume beschaffen sein, die zumindest im Ansatz diese Gewaltfreiheit implizieren?

Müssten es nicht Räume sein, die ihren Bewohnern und Benutzern glaubhaft und überzeugend begreifbar machen, dass diese samt ihren Einrichtungen für sie geschaffen sind, als seien sie ihr Eigentum und würden als solches genutzt und behandelt werden, die also im wahrsten Sinne menschen-würdig sind?

Es könnten Spiel-Räume sein, die in ihrer Differenzierung zwischen offen oder umschlossen, übersichtlich oder geheimnisvoll, exponiert oder geschützt die Wahlfreiheit lassen und Raum geben für die verschiedensten sozialen Interessen und Konstellationen, angefangen von der Geborgenheit des Einzelnen bis zu seinem freiwilligen Aufgehen in der Menge.

Andererseits müssen wir einsehen, dass ein noch so gewaltfrei gedachter und konzipierter Raum die Entstehung und Ausübung von Gewalt, sei es durch gewaltbereite Einzelgänger oder die terroristische Gewalt einer organisierten oder manipulierten Masse, nicht verhindern kann, denken wir nur an die schockierenden Ereignisse in Schulen in den USA, Russland und leider auch in Deutschland.

Eingedenk dieser Beispiele würden wir der gewaltvermeidenden Qualität und Wirkung des Raums, der schon immer Schauplatz für die Vielschichtigkeit und auch Unbegreiflichkeiten des Lebens war, zu viel zuschreiben.

Wir können aber unseren Beitrag dazu leisten, Räume zu schaffen, die nicht bereits im Ansatz Gewalt hervorrufen oder dazu einladen; Räume, die überschaubar und aneigenbar sind, die eher offen und hell als dunkel und verschlossen sind, die einladen anstatt abzuschrecken, die in ihren Einzelheiten eher vielschichtig erklärend als grob vereinfachend sind, die spüren lassen, dass sie mit Rücksicht, um nicht zu sagen Liebe entworfen, gebaut und gepflegt sind – und vor allem, dass sie real und haptisch erfassbar und nicht bloß virtuell simuliert sind.

Dass die Medien, insbesondere das Fernsehen und die Videoindustrie mit ihren virtuellen Welten nicht gerade zum Abbau von Gewaltpotenzial beitragen, sondern die voyeuristische Lust an der Gewalt quoten- und gewinnbringend nutzen und dieses Potenzial unversehens in die Realität umschlagen kann, muss in diesem Zusammenhang nicht deutlich genug herausgestellt werden.

Letztlich wird es jedoch entscheidend davon abhängen, wie sich der Einzelne sowohl für sich als auch als Mitglied der Gemeinschaft versteht. Toleranz und Rücksicht gegenüber Anderen und Andersdenkenden ist damit gefragt. Diese lebenslange Schule des Miteinanderumgehens beginnt in der Familie, setzt sich über den Kindergarten, die Schul- und Ausbildungszeit fort und hört mit dem Erwachsensein nicht auf.

Wenn wir über Entstehung und Prävention von Gewalt nicht nur aus dem Blickwinkel der Absicherung nachdenken, meine ich, läge vor allem anderen hier der Schlüssel zu einer gewaltfreieren Gesellschaft.

Ich möchte meinen Beitrag zum heutigen Thema „Gewalt und Raum" abschließen mit dem Auszug aus einem Vortrag eines anderen Architekten. Er sagt dort:

„Ich werde sprechen vom Widerstand gegen die Gewalt; also vom Doppelten: von einem neuen Ereignis, das Gewalt heißt und von dem geistigen Widerstand, der ihm zu leisten ist …
Was heute in uns losbricht, ist der Kampf mit der toten Natur außer uns und in uns. Es ist kein Kampf zwischen Leidenschaften; nicht um Gut und Böse geht es.
Sondern gegen das Eiskalte, das Herzlose, das Rechenhafte, und neue Dämonen sind in uns wachgeworden: merkwürdige Gestalten anonymer Brutalität […].
Es sind rohe Gewalten, die herauskommen, und es scheint fast, als hätten wir bisher in einem Paradiesgarten gelebt und plötzlich schließe sich eine neue, harte Welt auf […].
Es gibt nicht nur die brutale Gewalt und es gibt auch nicht nur die ‚Seele', es gibt auch den ‚Geist'. Und mir scheint, dass gerade dieses Geistige in einer ganz tiefen Korrespondenz zur Natur steht und in ihm findet tote Natur ihren würdigen Gegner. In dieser Auseinandersetzung des Obersten und Untersten entstanden Werke wie die Pyramide oder der gotische Dom, kalt, hart, rechnerisch und doch wohl das Geistigste, was je geschaffen wurde. Im Angesichte Gottes gibt es wohl auch den neuen Gewalten gegenüber ein letztes: Fürchtet euch nicht."
Diese visionäre Sicht auf das uns heute so beunruhigende Thema hatte bereits im Jahre 1927 kein geringerer als der Architekt Rudolf Schwarz.

3   KITA im Container – Wohin geht die Baukultur?

Architektenkammer Baden-Württemberg, 14. Februar 2013

Sie erlauben, dass ich meinen Beitrag mit einem Vorwort aus dem Buch „Kindergärten", erschienen etwa 1960 im Callwey Verlag, einleite, das die inhaltliche Thematik sehr einleuchtend beschreibt.
„Die Erziehung des Kleinkindes ist naturgemäß Aufgabe des Elternhauses. Hier müsste es im Schoße der Familie alle Liebe, Sorgfalt und Betreuung erhalten und erfahren, deren es zu seiner Entwicklung bedarf; hier müsste es sich auch im Umkreis des Hauses frei und ungehindert bewegen und mit Gleichaltrigen zu Spiel und Beschäftigung zusammenfinden können. Die Gründe, die dieses Ziel leider immer mehr zum Wunschtraum werden lassen, sind zur Genüge bekannt: der beengte Wohnraum, die Straße mit ihrem Verkehr, die Abwesenheit der berufstätigen Eltern während des Tages und manches mehr. Hier soll und muss nun der Kindergarten einspringen, hieraus erwachsen ihm seine besonderen Aufgaben. Er kann selbstverständlich niemals Ersatz der Familie sein, wohl aber muss er sie ergänzen und ist dabei auf engen Kontakt mit ihr angewiesen.
Der bestmöglichen Erfüllung dieser Betreuungsaufgabe gilt die Sorge der Pädagogen; aus diesem Bemühen ergeben sich die Forderungen, die sie an die Gestaltung eines Kinderhauses stellen.
War der Bau von Kindergärten nach den anderen Wiederaufbauleistungen nach Kriegsende bislang eine Sache, die auch gemacht werden musste, so stellt dieser sich jetzt als lockende und durchaus selbständige, das ganze Können eines Architekten fordernde und beanspruchende Aufgabe. Das Kind und seine Welt, die Betreuung des erstmals der Familie und dem Elternhaus „entzogenen" jungen Menschen und der behutsame Beginn einer Erziehung zum Mitmenschen hin, sind und müssen Ausgangspunkt aller baulichen und gestalterischen Überlegungen sein. Es gilt echte Umwelt zu schaffen, den Kindergarten um das Kind herum und für das Kind zu bauen, nicht jedoch einfach das Kind von der gewohnten häuslichen Umgebung in einen unpersönlichen, nicht kindgemäßen Raum zu stellen, wie man etwa ein Möbel von einem in den anderen Raum rückt.
Daraus ergeben sich bestimmte Ansprüche an die Gestaltung und Ausstattung des Raumes: Kleine Nischen und abgeteilte Ecken müssen

vorhanden sein oder gebildet werden können; teilweise niedrig gezogene Decken sind denkbar und erwünscht; der Raum soll nicht in festgelegter Form ‚fertig', sondern wandelbar und teilbar sein. Über die anzustrebende Raumstimmung sind sich alle Pädagogen einig: man fordert Geborgenheit, Behagen, Nestwärme, wohnliche Atmosphäre, Konzentration, kindgemäße Gestaltung und dem kindlichen Empfinden entsprechende Maßstäbe. Der Raum ist also in ständigem Wandel begriffen und soll die Phantasie der Kinder anregen und zur Eigenbetätigung führen. Daher ist es auch für den Entwerfenden von größter Wichtigkeit, sich mit den Forderungen der Pädagogen bereits bei Beginn der Planung vertraut zu machen und das ‚Kinderhaus' so zu gestalten, dass es diese Wünsche erfüllen kann".
Wie sich der Architekt gedanklich mit diesem Thema auseinandersetzen und die Forderungen und Erkenntnisse der Pädagogen zu eigen machen sollte, hat in wohl bis heute gültiger Form der Stuttgarter Architekt Hans Werner Merkle in eben diesem Vorwort anlässlich der Einweihung eines seiner Kindergärten in Stuttgart ausgedrückt:
„Mancher ist vielleicht der Meinung, es sei nicht angebracht, nur für die Kinder einen so vielgestaltigen Bau zu errichten; im Alter zwischen 4 und 6 Jahren hätten sie doch nicht die Auffassungsgabe und das Unterscheidungsvermögen, ein so differenziertes Bauwerk zu erfassen. Gewiss könnten uns die Kinder nicht im Einzelnen erklären, wie ihr Kindergarten beschaffen ist. Sie könnten das nicht einmal von der elterlichen Wohnung. Und doch wäre es ganz falsch, anzunehmen, sie würden diese Umgebung nicht auf eine andere Weise wahrnehmen, sie wären von der Atmosphäre ihrer Behausung nicht abhängig.
Wenn wir wissen, dass das bewusste Aufnehmen und Wiedergeben von Eindrücken der Umwelt beim Kind in diesem Alter eigentlich erst beginnen, so müsste uns auch klar sein, welche Bedeutung die Atmosphäre der elterlichen Wohnung oder die des Kindergartens hat. Wir haben in den letzten Jahren manche Erkenntnis darüber gewonnen, wie tief die ersten Eindrücke von der Umwelt sich in die Seele des Kindes einprägen. Wie oft erfahren wir es an den rein negativen Folgen der fehlenden Nestwärme, wenn bei der Verurteilung Jugendlicher von einer freudlosen Jugend als erster Ursache für das Abgleiten die Rede ist. Gewiss ist in erster Linie der Einfluss, der von Erwachsenen auf die Kinder ausgeübt wird, entscheidend, in einem Kindergarten also von der Betreuerin. Darüber hinaus ist aber die Einwirkung der räumlichen Umgebung auf das Gemüt des Kindes von weitaus größerer Bedeutung als wir gemeinhin annehmen. Ob der dauernde Einfluss der Umwelt

vorwiegend freundlich oder freudlos ist, bestimmt weitgehend die spätere Einstellung im Leben. Sie kann positiv oder negativ sein.
Der Kindergarten aber ist der erste ‚fremde' Ort, an dem das Kind mit ‚fremden' Kindern zu gemeinsamem Tun zusammenkommt. Das sinnvolle Zusammenspiel an diesem Ort ist mitbestimmend für die Fähigkeit des späteren Sicheinfügens in eine Gemeinschaft. Es ist daher gewiss nicht gleichgültig, in welcher Atmosphäre, in welcher Umgebung, in welchen Räumen dieses erste Erlernen und Einüben geschieht."
Soweit die Erkenntnisse von damals, vor mehr als 50 Jahren. Und wie stellt sich die Situation heute, 50 Jahre später dar?
Vieles gilt genauso wie damals, manches sogar in noch stärkerem Maße:
- Das Elternhaus im klassischen Sinn existiert heute nur noch in den seltensten Fällen. Die Kinder der berufstätigen Eltern bleiben sich selbst überlassen oder werden im besten Fall bei Verwandten untergebracht.
- Der Anteil von Kindern aus Elternhäusern mit Migrationshintergrund und anderem Sprach- und Sinnverständnis erschwert deren Integration.

Und doch spielt laut einer Studie für das Bundesfamilienministerium für 91 Prozent der befragten Eltern zwischen 25 und 39 Jahren die Vereinbarkeit von Beruf und Familie eine mindestens so wichtige Rolle wie das Gehalt (DIE ZEIT vom 31. Januar 2013). Um diesen Spagat zwischen Berufstätigkeit und Kindererziehung zu überbrücken, hat der Bundestag im Dezember 2008 das Gesetz über den „Anspruch auf Förderung in Tageseinrichtungen und Kindertagespflege" beschlossen.

Dieses Gesetz tritt ab August dieses Jahres in Kraft und begründet ab da den Anspruch von Eltern auf Kita-Plätze für ihre Kinder im Alter ab dem ersten Lebensjahr bis zum Grundschuleintritt.
Die Städte sind verpflichtet, diesen Anspruch zu erfüllen. Falls dies nicht geschieht, können die Eltern einen Kita-Platz oder die Erstattung der ihnen entstehenden Kosten für eine entsprechende Betreuung einklagen.

Das Gesetz räumte also den Gemeinden fünf Jahre Zeit zur Vorbereitung ein. Es ist schwer verständlich, dass diese Frist nicht oder nur unzureichend genutzt wurde, mag das in manchen Gemeinden an der knappen Finanzlage oder am erschwerten Zugriff auf entsprechende Grundstücke oder Immobilien liegen – auf Stuttgart als eine reiche, fast

schuldenfreie und erklärt „kinderfreundliche" Stadt kann beides wohl kaum zutreffen.

Um bei Stuttgart zu bleiben:Hier sind derzeit für etwa 35 Prozent der berechtigten Eltern bzw. deren Kinder Kita-Plätze vorhanden; nach den Wartelisten hingegen suchen aber 60 bis 70 Prozent der Eltern von Kleinkindern einen Kitaplatz – Tendenz steigend.

So entstehen bei der Realisierung dieses rechtlichen Anspruchs gleich drei Probleme:
    1. die Suche nach kurzfristig verfügbaren Aufstell- und Freiflächen
    2. die Qualität des baulich-räumlichen Angebots im Sinne eines kindgemäßen „Ortes"

und
    3. die Rekrutierung des für die qualifizierte Betreuung dieses enormen Zuwachses notwendigen ausgebildeten Personals, wenn man von einem angestrebten Verhältnis von drei bis maximal fünf Kleinkindern pro Fachkraft ausgeht.

Personenporträts

1   Ansprache zu Otl Aichers 56. Geburtstag, 1978

Otl Aicher, dein Konzept steht!

Das Olympische Informationskonzept von Otl Aicher ist weder vergessen noch ausgeschöpft.
Das Konzept – wir zitieren jetzt Otl Aicher – hieß: „Gleichheit durch Verwandtschaft".
Wenn Otl Aicher 1967 äußerte, „dass sich die Bedeutung eines Festes und seine Tiefe nicht immer durch Ernst ausdrückt", so ist der direkte Bezug zu heute hergestellt.
Der feine Sinn dieser Feststellung und eine weitere Bemerkung Otl Aichers, dass die Schaffung eines positiven psychologischen Klimas auf der Ebene einer gehobenen Feststimmung durch Anwendung einfacher Elemente wie Farben, Schriften und Zeichen, also Piktogramme, zu erreichen sei, hat uns aus heutigem Anlass zum Weiterdenken angeregt.

Piktogramm
frei übersetzt von engl. pig = Schwein
und dem gr. lat. franz. „gramm", einem Grundwort mit der Bedeutung „Schrift, Geschriebenes", ergibt die deutsche Übersetzung mit „Schwein-Schrift" oder
„Schwein-Geschriebenes"
Da das Wort „Gramm" auch noch „Darstellung, Abbildung, Bild" bedeutet, kann man deutsch ebenso von „Schweine-Bild"
und übersetzt in die Allgäuer Landessprache von „Saubuidl" sprechen.
Eine andere Übersetzung, die wörtlich wiefolgt möglich wäre: „Schweine-Darstellung" und nur allzu leicht zu „schweinische Darstellung" führen könnte, ist nicht zulässig, weil sie, völlig ungerechtfertigt, zur Pornografie überleiten würde. Diese meinen wir heute nicht.
Vielmehr möchten wir von Vögeln sprechen.
Was an Piktogrammen bisher geschaffen wurde, hatte eine Voraussetzung.
Wir zitieren aus Band 1 des offiziellen Berichts des Organisationskomitees der XX. Olympischen Spiele, Seite 271.

Dort heißt es:
„Allein in Europa werden 34 verschiedene Sprachen gesprochen. Daher war es für das OK zwingend, sich im Interesse der internationalen Besucher nicht nur auf sprachliche Information zu beschränken, sondern sich der Möglichkeit allgemein bekannter Bildzeichen zu bedienen".

Ja, weiß man etwa nicht, dass es 8503 Arten von Vögeln gibt? Wie zum Beispiel:

290 Taubenvögel (Columbiformes)
320 Papageienvögel (Prittaciformes)
385 Spechtvögel (Piciformes)
6000 Sperlingsvögel (Passeriformes)
usw.

Gar nicht zu sprechen von den nur 19 Arten der Steißfüßler (Podicipediformes), sondern von den drei Arten Kiwis (Apterygiformes), deren Flügel völlig verkümmert und von einem haarähnlichen Federkleid verdeckt sind.
Dieser Vogel fliegt nicht mehr. Warum?
Die Antwort ist klar:
Er hat sich nicht mehr zurechtgefunden.
Er hat aufgegeben, er fliegt einfach nicht mehr.
Das ist die Quittung für unser Versagen. Das geht uns alle an.
Der Kiwi fliegt nicht mehr, ihm fehlt das Informationssystem!!!
Ihm fehlt das Piktogramm, von dem Otl Aicher sagt:
„Es hat die Aufgabe, alle und vor allen Dingen ausländische Besucher ohne sprachliche Mittel zu ihren Zielorten zu führen, die Orthografie der Stadt und des Lands transparent zu machen und jedem Einzelnen das Gefühl der Unsicherheit zu nehmen".
Nunmehr war für uns der Schritt nicht mehr weit zu einem
System visueller Kommunikation in Form von Vogel-Piktogrammen.
Das Rüstzeug für Neues hatten wir, denn Otl Aichers Worte haben sich fest in unser Bewusstsein eingegraben, Worte wie „Verbotszeichen verdienen eine andere formale Kennzeichnung als Hinweiszeichen".
Oder: „Nach der Zeichentheorie besitzt das aussagefähige Zeichen eine syntaktische, semantische und pragmatische Dimension".
Also Schluss nun endlich mit den Vogelscheuchen, die in ihrer Einfalt der Vielfalt unserer Gesellschaft in keiner Weise gerecht werden, erniedrigend

für den Vogel, darüber hinaus gestalterisch bis auf den heutigen Tag unbearbeitet, gegen die seit Langem große landschaftsschützerische Bedenken bestehen und deren Zwecklosigkeit im volkswirtschaftlichen Sinn erwiesen scheint.

Wir präsentieren deshalb heute das erste dreidimensionale Vogelpiktogramm, dem wir, damit die historische Dimension dieser Stunde einbeziehend, den Namen „Picotl Allgäuensis" gegeben haben.

Denn es ist sein Kind, das Kind seines olympischen Normenbuchs, von dem er sagt: „Bild und Papierformat waren genauso im Normenbuch enthalten wie die Gestalt des Waldis".

Sie erinnern sich – gemeint ist der Olympia-Waldi.

Es ist uns eine Ehre, Otl Aicher und die Öffentlichkeit darauf aufmerksam machen zu dürfen: Nicht nur der Waldi, nein, auch der Picotl ist in seinem Normenbuch enthalten.

Und so ist es denn Otl Aicher, dessen Worte wir ungekürzt diesem Picotl mit auf den Weg geben können:

„Die Integration eines visuellen Systems in das Bewusstsein der Öffentlichkeit erfordert eine gewisse Gewöhnung, eine wachsende Vertrautheit. Auch Zeichensysteme durchlaufen in Analogie zur Sprache einen Entwicklungsprozess. Die Zeichen werden sich herausschälen, die die angestrebte Aussage überzeugend treffen.

Andere werden aus Mangel an Verständlichkeit ausgeschieden und durch neue Entwicklungen ersetzt."

In diesem Sinne demonstrieren wir schließlich mittels einiger markanter Zeichensetzungen Kraft, Stärke, Ausdauer, Aussagefähigkeit und Potenz der Wegweisungen für den künftigen Picotl Allgäuensis:

Lieber Otl Aicher,
wir wünschen dir stellvertretend für die ganze Vogelwelt weiterhin beflügelte Fantasie und menschliche Treffsicherheit der Ideen für deine künftigen Piktogrammentwicklungen!

Fritz Auer, Erhard Tränkner, Carlo Weber, Partner in Behnisch & Partner

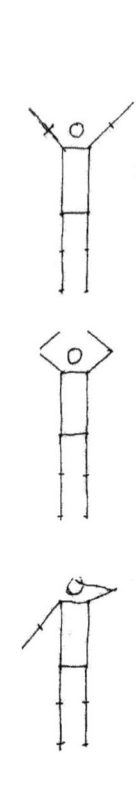 Hier landen – Landeerlaubnis follow me

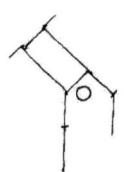 Höchste Gefahr = Vogelfalle Franz-Josef Strauß auf Jagd

Nicht landen = Landeverbot

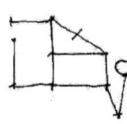 Übernachtungsmöglichkeit

Beschränktes + absolutes Zwitscherverbot

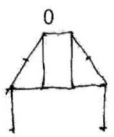 Als Brutstätte nicht zugelassen

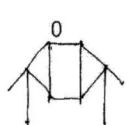 Brutstätte

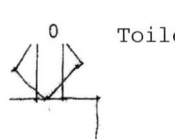 Toilette

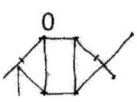 Letzte Brutstätte vor der Autobahn

2   Architekten über Architektur

Fritz Auer über Günter Behnisch, VHS Nürnberg, 7. Mai 1973

Als vergangenen Herbst Peter von Seidlein – der Initiator dieser
Vortragsreihe – mich in unserem Büro anrief, um zu fragen, ob ich
den Vortrag über Günter Behnisch und seine Architektur übernehmen
könnte, gab ich zu bedenken, dass dies doch eher die Sache eines
Außenstehenden wäre, der besser und unvoreingenommener in der Lage
wäre, über dieses Thema zu reden als ich, der ich ja schon seit nunmehr
17 Jahren mit ihm zu tun hatte; ich könne ohnehin seine Person nicht
von der Architektur Behnischs oder der des Büros, von dem ich mich
wiederum als ein Teil betrachte, trennen.
Aber er meinte, das wäre ja gerade das Interessante – und so habe ich
schließlich zögernd zugesagt.
Wer ist dieser Mensch, was ist das für ein Büro, was sind die Motive,
die hinter dem Begriff „Olympiaarchitekten" stecken? Hierüber, und wie
es dazu kam, will ich Ihnen heute Abend einiges erzählen, sozusagen
als Augenzeuge und als Mitbetroffener, aus eigener Erfahrung und durch
meine persönliche Brille gesehen.
Ich begegnete Behnisch zum ersten Mal im Jahr 1954 an der Technischen
Hochschule in Stuttgart, er war dort Assistent von Prof. Wilhelm und
gab den Studenten Korrekturen im Konstruktiven Entwerfen, einem
der Pflichtfächer des damaligen Lehrplans. Gegenüber den anderen
Korrekturassistenten des Lehrstuhls fiel mir Behnisch durch seine
ungezwungene, persönliche Art und Gelassenheit auf, mit der er sich
die einzelnen Arbeiten – und das waren sicher nicht nur konstruktive
Offenbarungen – vorlegen ließ und wie er geduldig zuhörte, was der
jeweilige Student im Einzelnen zu seinen Zeichnungen zu sagen hatte.
Besonders sympathisch war mir, dass er immer im kurzärmligen Hemd
und Sandalen erschien. Während sich die anderen Assistenten als kleine
Professoren gaben, schien Behnisch ständig in Ferienstimmung zu sein;
er hätte genauso gut ein etwas älterer Student sein können, der das
Studium nur seinem spendablen Vater zuliebe betreibt, um, von zu Hause
ungestört, seinen Liebhabereien nachgehen zu können.

Irgendwann an einem dieser Korrekturtage fragte mich Behnisch, ob ich nicht Lust hätte, die Zwischenpraxis – sie war damals nach Abschluss des vierten Semesters für das Weiterstudium in der Oberstufe obligatorisch –, dieses Jahr Zwischenpraxis bei ihm zu machen. Ich sollte doch einmal nach Sillenbuch heraufkommen und mir sein Büro ansehen. Dieses Büro, in einem Dachgeschoss eines Einfamilienhauses, war genauso leger wie Behnisch selbst – ein unordentlicher Haufen von Reißbrettern, Schubladen und Leitz-Ordnern – und praktisch ohne ständige Mitarbeiter.
Wieder eine Überraschung für mich, der ich mir Architekturbüros schlechthin klinisch sauber und mit weißen Arbeitsmänteln, wie sie immer so schön in Zeitschriften veröffentlicht waren, vorstellte. Ich sagte trotzdem zu und brachte auch noch meinen Studienfreund Carlo Weber mit in dieses Büro, den ich schon während der ersten Semester des Studiums als „echten Architekturstudenten" akzeptierte, weil er so gut freihandskizzieren konnte und er auch sonst ganz umgänglich war.

Die Arbeit für uns beide als Zwischenpraktikanten war aufregend und, für unsere damaligen Begriffe von Arbeit, ungemein anstrengend, weil fast ausschließlich Wettbewerbe bearbeitet wurden, weil als „hereingeschmeckter" Sachse Behnisch ja keine einträglichen oder verwandtschaftlichen Beziehungen im Schwabenland vorweisen konnte. Es gab viel Nacht- und auch Sonntagsarbeit. Die Arbeitszeit war nach oben hin nicht limitiert, den Begriff Überstunden kannten wir damals nicht. Dafür waren aber nach Meinung von Behnisch der frühmorgendliche pünktliche Beginn und die knappe Bezahlung feste und unumstößliche Voraussetzungen für ein gesundes Büro – zwei Umstände, die mich noch lange und immer wieder irritiert haben.

Dies erging offenbar auch einem anderen Mitarbeiter damals so, der, als er Behnisch die Treppe zum Büro heraufkommen hörte, schnell seine Vesper wegsteckte, „damit", wie er uns nachher schmunzelnd sagte, „der Behnisch nicht sieht, dass ich mir Butter auf's Brot. leisten kann".
Wie missionsbewusst wir damals als Zwischenpraktikanten waren, mögen Sie daran erkennen, dass ich in einer strengen Frostnacht und weil ich den letzten Omnibus verpasst hatte mit in Zeitungspapier eingewickelten Ohren und Füßen nach gut zehn Kilometern Fußmarsch im Büro erschien, um an einem Wettbewerb mitzuhelfen, der am nächsten Morgen abzugeben war.

Aber selbst in solchen Situationen nahm Behnisch einen für voll, er ließ einen nie spüren, dass man ja „nur" Zwischenpraktikant war, und so konnte er uns wiederum zum vollen Einsatz animieren. Vielleicht hat er sich diese Fähigkeit während des Kriegs, als knapp 20-jähriger U-Bootkapitän, sozusagen unter Wasser angeeignet.

Es gab für uns damals keine Trennung in Bürowelt und Privatwelt – wir gingen in der Familie Behnisch aus und ein als zweites Zuhause, gaben uns mit den Kindern ab, waren beim Abendessen, spielten Tischtennis oder bastelten zusammen mit ihnen vor Weihnachten Adventskalender, Puppenstuben und Kaufladen für die Kinder.

Oft hielt uns während der langen Wettbewerbsnächte nur der Gedanke an das Frühstück am nächsten Morgen bei Frau Behnisch aufrecht, denn dann gab es immer knusprige Buttersemmeln mit selbstgemachter Johannisbeermarmelade.

Ich meine, in dieser Zeit wurde der Grundstein gelegt für unsere spätere Bürogemeinschaft, die heute unter dem Namen Behnisch & Partner bekannt ist und deren bisherige Wirksamkeit und Erfolg nur zu erklären ist aus einem guten persönlichen Verhältnis zueinander.

3   Prof. Erwin Heinle zum 80. Geburtstag

Staatliche Akademie der Bildenden Künste Stuttgart, 7. April 1997

Sehr geehrter Prof. Heinle, liebe Frau Heinle, Freunde und Gäste unseres Hauses,
sehr geehrte Kolleginnen und Kollegen, liebe Studierende,

wiederum sind, seit der letzten Veranstaltung aus selbem Anlass, zehn Jahre vergangen, für uns alle und auch für das Geburtstags„kind" Erwin Heinle, ohne dass man ihm diese Zeitspanne, zumindest angesichts seiner nach wie vor vitalen Erscheinung und Präsenz, anmerken würde. Wir haben also allen Grund, ihn, den inzwischen 80-jährigen, der von 1965 bis 1981 als ordentlicher Professor an dieser Akademie über 16 Jahre den Bereich der Architektur vertrat, heute als einen, der nach wie vor zu uns gehört, zu feiern.
Dies könnte einem allerdings schwerfallen eingedenk der bereits zu seinem 70. Geburtstag erwiesenen Ehrungen, die ihren Niederschlag in einer Festschrift gefunden haben, mit Grußworten aus allen Ebenen der Politik, der Kunst und des öffentlichen Lebens und, bescheiden in die hintere Umschlagklappe eingeschoben, der damaligen Laudatio unseres Kollegen Heinz Mohl, in der er die Lebensdaten Erwin Heinles mit der Zeitgeschichte in Verbindung brachte – allesamt Bekundungen der hohen Anerkennung einer Persönlichkeit, die durch ihr architektonisches Wirken und persönliches Eintreten Impulse nicht nur für die bauliche Kultur dieser Stadt, sondern auch unseres Lands gesetzt hat.
Insofern war es der Wunsch Erwin Heinles, was anlässlich des 70. Geburtstags bereits dokumentiert und gewürdigt wurde, mit Erreichen des 80. nicht zu wiederholen, sondern bei dieser Gelegenheit einen besonderen Schwerpunkt in seinem Lebenswerk aus der Sicht und Erinnerung zweier „Zeitzeugen" beleuchten zu lassen.
Diese auch im Leben und Berufsweg Erwin Heinles historische Schnittstelle ist der Entwurf der Anlagen und Bauten für die XX. Olympischen Spiele 1972 in München.
Es war deshalb seine spontane Idee, einerseits Prof. Dr. Jörg Schlaich und andererseits mich zu bitten, eben als besagte „Zeitzeugen" und Beteiligte

an diesem außergewöhnlichen Projekt, heute hierüber zu berichten, jeder aus seiner Sicht.

Nun würde man aber der Bedeutung des Architekten und Jubilars und seines inzwischen über die vielen Jahre zusammen mit vielen anderen geschaffenen, in seiner Umfänglichkeit geradezu überwältigenden Œuvres nicht gerecht werden, wenn aus der bisherigen, mehr als 40-jährigen Schaffenszeit mit über 200 (!) realisierten Projekten nicht wenigstens einige „Highlights" herausgegriffen werden dürften, dies gerade auch, um den etwas Jüngeren unter uns die wichtigsten Stationen eines solch immensen Lebenswerks näherzubringen oder in Erinnerung zu rufen: Hier in Stuttgart realisierte Erwin Heinle als Architekt gemeinsam mit Prof. Fritz Leonhardt, dem genialen Ingenieur, 1956 der Welt ersten Fernsehturm in Spannbetontechnik, der seither das Bild dieser Stadt und ihres Umlandes als kühnes und weithin sichtbares Wahrzeichen mitbestimmt und nur einige Kilometer Luftlinie vom Hohen Bopser im Talkessel der Innenstadt, 1961 das Landtagsgebäude zwischen Neuem Schloss, Staatstheater und Staatsgalerie, dort die Herausforderung in der Höhe, hier die gediegene bauliche Repräsentation unseres Bundeslands als horizontal gelagerter, transparenter Kubus aus Stahl und Glas, auch als Hommage Erwin Heinles an die Klarheit der Architektur Mies van der Rohes zu verstehen. Oder, ein Sprung weiter nach Norden, in Ludwigsburg, 1966 die Pädagogische Hochschule, ein Campus aufgebaut auf einem stringenten modularen Prinzip, das zu dieser Zeit aktuelle Thema des Bauens mit Betonfertigteilen perfekt demonstrierend ebenso wie das in den Jahren 1963 bis 1986 in mehreren Phasen entstandene Deutsche Krebsforschungszentrum in Heidelberg – oder 1977 das Bonner Stadthaus und 1988 das dortige Bundespostministerium.

Die Aufzählung auch nur solcher „Highlights" ließe sich lange fortsetzen – stellvertretend hierfür mögen die hier im Foyer ausgestellten Beispiele die Vielseitigkeit und Konsistenz der Entwürfe und Bauten Erwin Heinles und seines mit bis zu 150 Mitarbeitern zu einem der größten und namhaftesten in unserem Lande zählenden Büros ansatzweise illuminieren.

Aber zurück zur sogenannten Schnittstelle, an der sich die Wege von Erwin Heinle, Jörg Schlaich und mir berührten – die Olympischen Anlagen in München 1967 bis 1972, an deren Entstehung jeder von uns auf seine Weise beteiligt war.

Ich selbst war damals einer von vier Partnern der 1966 entstandenen Architektenpartnerschaft „Behnisch & Partner".

Günter Behnisch und meine Partnerkollegen wollten eigentlich gar nicht an dem 1967 ausgelobten Wettbewerb für die „Anlagen und Bauten der XX. Olympischen Spiele in München" teilnehmen und vielleicht war es nur meinem jugendlichen Insistieren zuzuschreiben – ich war damals gerade 34 Jahre alt –, dass ich die anderen allmählich von der Einmaligkeit einer solchen Chance überzeugen konnte.

So entstand im Laufe einiger Wochen aus Pappe, Sägemehl und den berühmten Damenstrümpfen die Idee einer „Olympischen Landschaft", als Gegenantwort auch auf die uns nicht wiederholbar scheinende Architekturdemonstration Kenzo Tanges anlässlich der Tokioter Spiele von 1964 – also eine Art „Nicht-Architektur", zumindest was den Anspruch der Sportstätten als Bauwerke anbelangte.

Dieser Entwurfsansatz baute auf den in der Wettbewerbsauslobung formulierten Zielen auf, die bereits bei der Bewerbung der Stadt München postuliert wurden als „Spiele im Grünen, der kurzen Wege, der Musen und des Sports" – dies in Besinnung auf die ursprünglichen Spiele in Olympia, aber auch in Erinnerung der Hypothek der Olympischen Spiele in Berlin 1936, um unter diesem Motto ein verändertes Bewusstsein einer durch den Krieg geläuterten Nation gegenüber der Weltöffentlichkeit zu signalisieren.

Nun, die Münchner Bewerbung hatte Erfolg und in deren Folge nicht nur wir und unsere Arbeit mit dem bundesweiten Wettbewerb, der an einem Freitag, dem 13. im Oktober 1967 entschieden wurde.

Das Preisgericht, unter Vorsitz von Prof. Egon Eiermann, mit unter anderem Hans-Jochen Vogel, Willi Daume und Franz Josef Strauß, vergab aus über 100 eingereichten Arbeiten den 1. Preis an unsere Partnerschaft und dem bei uns mitwirkenden Prof. Jürgen Joedicke mit der (auszugsweisen) Begründung, dass „die für den Entwurf typische Modulierung des Geländes einen nicht nur ökonomischen, sondern auch vom städtebaulichen Gesichtspunkt zu würdigenden Ausgangspunkt bildet für die Lösung der Aufgabe, die Masse der olympischen Bauten in einem von der Natur nicht ausgezeichneten Gelände unterzubringen […]", dass aber „[…] die große Problematik des Entwurfs in der Zeltdachkonstruktion liegt".

Entlastend für das Preisgericht wird die Erklärung zu diesen Bedenken gleich mitgeliefert:

„Wenn auch das Preisgericht auf dem Standpunkt steht, dass jede gebaute Form zu einem bestimmten Zeitpunkt dank bestimmter technischer, konstruktiver und materialmäßiger Möglichkeiten eine

erstmalige Verwendung gefunden und ihre weitere Anwendung damit als legale Fortsetzung einer bestimmten Entwicklung zu gelten hat, so ist es fraglich, ob bei diesen Dimensionen das Vorbild der Montrealer Zeltkonstruktion für ein Dach dieses Ausmaßes als Dauerbauwerk ausgeführt werden kann."

Nur zu verständlich, denn wir hatten schließlich mit dem sogenannten „Zeltdach" die Flächen des Deutschen Pavillons auf der Weltausstellung in Montreal 1967 von Rolf Gutbrod und Frei Otto, der uns die unmittelbare Anregung zu unserem Überdachungskonzept gab, in unserer Unbekümmertheit um mehr als das Zehnfache, dessen maximale Spannweiten um etwa das Doppelte vergrößert.

Und schließlich, als vermeintliche „Brücke" für die Rettung des Entwurfs gedacht, die Aktivitäten der darauffolgenden Monate einleitende salomonische Empfehlung am Schluss des Protokolls:

„Das Preisgericht ist der Auffassung, dass anstelle der Zeltdachkonstruktion andere Dachkonstruktionen im gegebenen Falle verwendet werden können, ohne dass die für die Urteilsfindung maßgebenden Qualitäten dieser Arbeit verlorengehen."

Es gab natürlich weitere Preise – und hier kommen wir nun zu besagter „Schnittstelle" –, schließlich hatte Erwin Heinle mit seinem Partner Robert Wischer, auch aus unserer Sicht einleuchtend, den 3. Preis errungen, von den 2. Preisträgern Nickels-Orth-Marg aus Hamburg einmal abgesehen, die ein formal strenges, eher monumentales Konzept vorgeschlagen hatten.

Heinles konzeptioneller Grundansatz hatte mit seiner offenen und ungeometrischen Anordnung der Sportbauten in einem landschaftsähnlichen Zusammenhang tatsächlich eine gewisse Verwandtschaft mit unserer Arbeit. Durch die Deckungsgleichheit der Überdachungen mit den jeweiligen Umrissen der Arenen stellten sich diese bei seinem Beitrag jedoch als einzelne Bauwerke dar im Vergleich zu unserem Konzept, das diese Arenen als Bestandteile und im Maßstab der Landschaft und folglich deren Überdachung als eine davon losgelöste, auf die Landschaftskontur kontrapunktisch antwortende „Dachlandschaft" interpretierte.

Diese Ähnlichkeit beider Ansätze im Prinzipiellen geht auch aus der (auszugsweisen) Beurteilung des Preisgerichts hervor, das beim Entwurf von Heinle + Wischers lobte:

„Der Leitgedanke ‚Olympiade im Grünen' ist sehr gut verwirklicht. Der Gedanke, die Sportstätten in einem nach Art eines Englischen

Gartens begrünten Raum mit einer gewissen Lockerheit zu ordnen, stellt eine durchaus mögliche Lösung dar. Dabei ist es dem Verfasser gelungen, trotz der verhältnismäßig großen Abstände und der gedachten starken Durchgrünung die einzelnen Baukörper noch in ein fühlbares Spannungsverhältnis zu setzen. Auch die Konzeption des Olympischen Dorfes gehört in den Zusammenhang der räumlichen Komposition …".

Mit der vom Preisgericht an unserem Entwurf einerseits hochgelobten Einbeziehung der Sportarenen in den Zusammenhang einer „Olympischen Landschaft" und den kritischen Einschränkungen gegenüber einer Überdachung, die große Teile dieser Landschaft in bisher unbekannten Dimensionen überspannt, war natürlich der Interpretation des Wettbewerbsergebnisses und damit verbunden der offen erscheinenden Frage, an welchen der Preisträger der Planungsauftrag für den Bereich der Sportstätten nun eigentlich zu erteilen sei, Tür und Tor geöffnet.
Nachdem Peter Bode, damals Feuilletonredakteur der „Süddeutschen Zeitung", noch am 18. Oktober 1967, also fünf Tage nach der Preisgerichtsentscheidung unter der Überschrift „Hundert olympische Ideen und ein poetischer Entwurf" unseren Beitrag als denjenigen gewürdigt hatte, der den Geist der Spiele und des Orts am überzeugendsten erfasst, verkündete die „Bild-Zeitung" schon wenige Wochen später, dass das „Olympia-Zeltdach" bereits jetzt schon über den Köpfen der Architekten zusammenbreche. Dach-Befürworter und -Gegner standen sich zunehmend wie zwei feindliche Lager im „Kampf ums Dach" gegenüber.
Noch während wir daran arbeiteten, mit Unterstützung in- und ausländischer Experten die Realisierbarkeit der vorgeschlagenen Überdachung zu belegen, leitete die Olympiabaugesellschaft, als ausführendes Organ des Auftraggebers, unser Wettbewerbsmodell, ohne unser Wissen und ohne das umstrittene Dach, den anderen vier Preisträgern des Wettbewerbs zu mit der Bitte um Ausarbeitung von Alternativvorschlägen. Die bereits versandten Modelle mussten jedoch wieder eingezogen werden, nachdem Behnisch mit der Durchsetzung seines Urheberrechts gedroht hatte.
Schließlich und nach langen, hier nicht weiter auszuführenden Querelen und Irrwegen, wurden mit Unterstützung einer Gruppe beratender Ingenieure, der unter anderem auch Fritz Leonhardt und Frei Otto angehörten, aus mehreren bei uns bis zum Februar 1968 entwickelten

Überdachungsalternativen am 1. März 1968 zwei grundsätzliche Modelle zur weiteren Ausarbeitung beauftragt: das aus der im Wettbewerb vorgeschlagenen Idee der „Dachlandschaft" weiterentwickelte, sogenannte Punktgestützte Hängedach und das bis zu diesem Zeitpunkt machbarere und damit als risikoloser geltende, sogenannte Umfanggestützte Hängedach, das im Prinzip – und damit nähern wir uns einer für die weitere Entwicklung des Olympiaprojekts entscheidenden Phase – beim 3. Preis des Wettbewerbs, also im Entwurf von Heinle + Wischer, vorgeschlagen wurde.

Mit dieser denkwürdigen Entscheidung vom 1. März '68 verbunden war der Beschluss des Aufsichtsrates als oberstes Gremium, die olympischen Anlagen für die Spiele '72, also den späteren „Olympiapark", auf der Grundlage unseres Gesamtentwurfes zu verwirklichen und bis zum 1. Juni '68 die beiden Alternativlösungen für die Überdachung der Sportstätten so weiterzubearbeiten, dass eine abschließende Entscheidung für eine der beiden Alternativen möglich ist. Dabei sollte unser Büro bezüglich der Ausarbeitung der sogenannten „umfanggestützten" Dachvariante den 3. Preisträger des Wettbewerbes, also das Büro Heinle + Wischer, hinzuziehen.

Das Gespräch mit Erwin Heinle und Jörg Schlaich, der für diesen Wettbewerbsbeitrag die ingenieurmäßige Beratung übernommen hatte, kam bereits am 11. März 1968 zustande, führte aber nicht zu der vom Auftraggeber nahegelegten und vielleicht erwarteten Zusammenarbeit. Rückblickend wäre es für Erwin Heinle sicherlich ein Leichtes gewesen, sich auf die Empfehlung des Auftraggebers für seine Einbeziehung in die weitere Planung der Sportstätten zu berufen oder gar darauf zu bestehen. Dass er sich jedoch anders entschied und seinen bisherigen Berater Schlaich uneigennützig aufforderte, sich ganz in den Dienst der Sache Olympia zu stellen, indem er mit uns zusammen die Ausarbeitung der beiden Überdachungsalternativen vorantreiben solle – nachzulesen in einem Beitrag Jörg Schlaichs zur Behnisch&Partner-Ausstellung 1992 in der Galerie der Stadt Stuttgart –, zeichnet Erwin Heinle, auch in dieser kritischen Situation, als unbestechlichen und fairen Kollegen aus.

Dass die endgültige Entscheidung des Auftraggebers mit Hilfe der beteiligten Ingenieure letztlich am 21. Juni 1968, also mehr als acht Monate nach der Wettbewerbsentscheidung, zugunsten des inzwischen zum Münchner Wahrzeichen gewordenen „Zeltdachs" ausfiel, ist, das

muss hier gesagt sein, mit ein Verdienst von Frei Otto und Jörg Schlaich, mit dem mich seither eine kollegiale Freundschaft verbindet.
Bereits in derselben Sitzung des Aufsichtsrats, der am 1. März 1968 unseren Gesamtentwurf für den späteren Olympiapark als Grundlage aller weiteren Planungen bestimmte, wurde angesichts der inzwischen weiter fortgeschrittenen Verknappung der Vorbereitungszeit beschlossen, Erwin Heinle und seinen Partner sowie weitere Preisträger des Wettbewerbs mit der Planung des Olympischen Dorfs und der Zentralen Hochschulsportanlage zu beauftragen.
Dieser Beschluss, der die Empfehlungen des seinerzeitigen Preisgerichts ebenso negierte wie den bereits ausschreibungsreif vorbereiteten Architektenwettbewerb für das Olympische Dorf, wurde verständlicherweise nicht nur von der Architektenschaft scharf kritisiert. Schließlich handele es sich dabei um ein demonstratives Bauvorhaben, dessen Bedeutung kaum geringer sei als die der Sportstätten.
Das Olympische Dorf, das später immerhin 1800 Wohnungen und ebenso viele Studentenappartements enthalten werde, müsse in die Gesamtkonzeption des Olympiaparks voll integriert und in unmittelbarem Zusammenhang mit den olympischen Sportstätten gesehen werden.
An dieser, über ihren sachlichen Inhalt hinaus bis in persönliche Angriffe ausartenden Kritik hat Erwin Heinle viel zu tragen gehabt.
Aber er wäre nicht Erwin Heinle, wenn er vor diesen Anwürfen resigniert hätte – im Gegenteil, er führte den eingeforderten Wettbewerb innerhalb seines eigenen Büros durch in Form eines sogenannten Mehrstufigen Optimierungsverfahrens, für viele damals ein Fremdwort, aber laut Erwin Heinle eine bereits in der Weltraumtechnik bewährte und in ihren Grundzügen auch auf städtebauliche und architektonische Entscheidungen übertragbare Auswahlmethode.
Fakt bleibt letztlich, dass das Olympische Dorf ein besonderes Stück Stadt innerhalb Münchens geworden ist, in seiner städtebaulichen Einprägsamkeit und Wohnqualität vielleicht vergleichbar mit der benachbarten „Borstei" oder den großen gemeinschaftlichen Wohnanlagen der 20er-Jahre.
Mit der strikten Trennung von Fahr- und Fußgängerverkehr auf getrennten Ebenen, den sich mit dem Olympiapark verzweigenden Wohnarmen und ihren terrassenartig „hängenden Gärten", dem hohen Maß an individueller Wohnqualität trotz starker städtischer Verdichtung, ist Erwin Heinle, seinen Partnern und Co-Architekten ein Werk gelungen, das zu einem integralen Bestandteil des Olympiaparks und einer der gesuchten

Wohnadressen Münchens geworden und bis heute geblieben ist – dies werden auch seine damaligen Kritiker inzwischen neidlos eingestehen müssen.

So viel zu den Verdiensten Erwin Heinles um den Münchner Olympiapark aus der Sicht eines der beiden „Zeitzeugen".

Der andere, Prof. Jörg Schlaich als Ingenieur, wird nun darüber aus seiner Erinnerung, aber auch über seine langjährige Verbindung zu Erwin Heinle berichten.

4 Nachruf auf Carlo Weber

Haus der Architekten Stuttgart, 26. Mai 2014

Karl-Heinz und ich – den ihm von uns später verliehenen Vornamen Carlo an Stelle seines ursprünglichen nahm er gern an – begegneten uns zum ersten Mal im Herbst 1953, also vor nunmehr fast 61 Jahren, auf dem Weg zur Stuttgarter Technischen Hochschule, deren Architekturabteilung damals noch in der Kunstakademie am Weißenhof untergebracht war. Wir – er geborener Saarbrücker, ich Tübinger – kamen mit dem Vorortzug, er aus Weilimdorf, ich aus Ludwigsburg, und nahmen beide den Fußweg vom Nordbahnhof hinauf zum Killesberg.
Wir hatten damals in der Unterstufe Hans Kammerer, damals noch Assistent von Prof. Gutbier, als Lehrer für das Fach „Einführen ins Entwerfen" und mussten dort, zu seinen unterhaltsamen Vorlesungsstunden begleitend, in denen er uns Lust auf Architektur machte, kleine architektonische Fingerübungen absolvieren, die dann per Episkop und mit entsprechend humorvollen Kommentierungen von ihm uns Anfängern dargeboten wurden. Schon dort fielen mir Carlos lockere, sehr sensible Skizzen auf, die ihn mir, über seine persönliche Art hinaus, zunehmend sympathisch machten.
Am Ende der Unterstufe musste im Fach „Konstruktives Entwerfen" ein einfaches Hausschema detailliert werden – Ziegelverband, Fenster, Treppen und so weiter ...
Wir beide wurden unterschiedlichen Korrekturgruppen zugewiesen, ich kam in die Gruppe von Günter Behnisch, der damals noch Mitarbeiter im Büro von Prof. Wilhelm war. Behnisch schien am Ende mit meiner Arbeit zufrieden zu sein und fragte mich, ob ich nicht Lust hätte, die damals obligatorische einjährige Zwischenpraxis in seinem Büro zu absolvieren – und wenn ich noch jemand aus meinem Semester wüsste, den ich gut fände, könne ich ihn mitbringen – und wer lag mir näher als Carlo?
So kamen wir beide 1955 in die Zwischenpraxis im Büro Behnisch & Lambart, damals zwei Zimmer über der Drogerie Wollwage in Sillenbuch mit gerade mal sechs Mitarbeitern – wohlgemerkt einschließlich der beiden Chefs und uns beiden.
Dort wurden wir auch sofort ins Wettbewerbmachen eingeführt, erst über den Modellbau, dann aber, weil die Wettbewerbe damals meistens innerhalb

eines Wochenendes angefangen und fertig gestellt wurden, recht bald in der Werkplanung eines gerade gewonnen Wettbewerbs eingesetzt, zunächst beim Projekt Vogelsangschule an der Stuttgarter Paulusstraße – Carlo beim Hauptbau, ich bei den Pavillons.

Da wir in diesem Praxisjahr vom Hochschulstudium entbunden waren, gab es natürlich außerhalb des Büros genügend freie Zeit zum Tennisspielen, Baden und vor allem hinter Mädchen her zu sein, die uns, und das war das Problem, beiden gleichermaßen gefielen, wobei Carlo seinen lässigen Charme am besten zur Geltung bringen konnte.

Nun blieb es in der Zusammenarbeit mit Günter Behnisch nicht nur bei dem Praxisjahr, sondern wir wurden beide zunehmend in die Familie Behnisch integriert und waren dort den heranwachsenden Behnisch-Kindern gesuchte Spielgefährten. So blieb die Kombination Büroarbeit, Studium und Familienanschluss auch in der Oberstufe bestehen, mit einem deutlichen Schwerpunkt auf der Büropräsenz.

Ich konnte mir zwischenzeitlich von meinem Praktikantengeld eine Vespa leisten, Carlo zog nach mit einer Zündapp Bella, deren weißer Sitz bei ihm, aber auch seinen verschiedenen Sozias helle Flecken hinterließ. Mit diesen beiden Gefährten machten wir uns 1958 auf den Weg nach Brüssel zur dortigen Weltausstellung, wo wir zum ersten Mal Weltarchitektur schnuppern konnten mit dem Philips-Pavillon von Le Corbusier, dem US-Pavillon mit den Karikaturen von Saul Steinberg und vor allem dem Deutschen Pavillon von Egon Eiermann und Sep Ruf. Und diese Eindrücke wurden nachhaltig vertieft in Begleitung zweier hübscher flämischer Expo-Besucherinnen – Carlo war auf diesem Gebiet schon immer anfälliger und schneller bei der Sache als ich. Noch im selben Jahr ergab sich überraschend die Möglichkeit, mich für ein USA-Stipendium zu bewerben, das mir derselbe Egon Eiermann durch sein Engagement im Auswahlgremium ermöglichte, woraufhin Carlo nachzog und ein Stipendium an die Beaux-Arts in Paris erhielt, wo er seine inzwischen herausragenden zeichnerischen Qualitäten weiter vervollkommnen konnte, denn schon in der Zwischenpraxis und in den Jahren danach im Büro Behnisch war er der gesuchte Perspektivenzeichner.

Damit aber nicht genug, ging er daneben auf unverbindliche Brautschau zwischen mehreren Anwärterinnen, gewann aber schließlich die Sympathie von Liliane, der er aber noch vor dem Gang zum Standesamt erklärte, dass dies für ihn nur eine Art Probezeit sei und er noch auf der Fahrt dorthin den eingeladenen Büromitarbeitern aus dem Auto zurief:
„Ich komme zu euch zurück!! Nun, er ist bei uns geblieben bis zuletzt, wenn auch anders als er es damals gemeint hatte.

Im Jahr 1961 machte Carlo sein Diplom und wurde im Büro Behnisch angestellt, ich hängte nach meinem Studium an der TH und in den USA noch ein Jahr Praxis bei Yamasaki an, diplomierte schließlich 1962 in Stuttgart und fand ebenfalls wieder meinen Platz im Behnisch-Büro.

Nun hatten wir natürlich beide seit unserer Zwischenpraxis und den verschiedenen Studienabschlüssen einiges dazugelernt, was auch Behnisch auffiel und ihn dazu bewog, uns zu fragen, ob wir uns vorstellen könnten, länger mit ihm zusammenzuarbeiten und ich hierfür ein Modell vorschlagen könnte, was mir aufgrund meiner Auslandserfahrung nicht schwerfiel. Und so gründeten wir, erweitert um Wilfried Büxel und Erhard Tränkner, 1966 die erste deutsche Architekten-Partnerschaft Behnisch & Partner mit Günter Behnisch als „primus inter pares".

Diese Neuformation brachte einen neuen Schub über die bislang im Büro bearbeiteten Projekte hinaus, der in der Entscheidung mündete, am 1967 ausgeschriebenen Wettbewerb für die Anlagen und Bauten der Olympischen Sommerspiele 1972 in München teilzunehmen.

Um uns eine Vorstellung von der Dimension dieses Vorhabens zu machen, besichtigten Carlo und ich das dafür vorgesehene Oberwiesenfeld vom dortigen Schuttberg aus Trümmerabraum des Zweiten Weltkriegs, die einzige Erhebung in dieser ansonsten ebenen Brache und kamen wie weiland Moses vom Berg Sinai mit der Erkenntnis „ Die Landschaft ist das Gebot" nach Stuttgart zurück. Und folglich entstand unter dieser Losung in den Jahren 1967 bis 1972 der Münchner Olympiapark, der ohne Carlos Begabung, Ideen aufzugreifen und in eingängige, auch für Laien verständliche Skizzen und Zeichnungen zu übersetzen, so nicht geworden wäre. An seine Bemerkung unter einer seiner Skizzen zum Zeltdachkonzept, „Schimmern bei Tag, Leuchten bei Nacht", erinnerte sich selbst noch der Münchner Alt-Oberbürgermeister Hans-Jochen Vogel anlässlich unseres 30-jährigen Bürojubiläums. Carlo selbst war, nachdem der Planungsauftrag für dieses Gesamtwerk aus Bauten und Landschaft an unsere Partnerschaft erteilt war, für die Koordination aller Rahmenplanungen im Olympiapark verantwortlich, während mein Schwerpunkt die Weiterentwicklung des „Zeltdachs" über den Sportarenen in Zusammenarbeit mit der Ingenieurgruppe um Frei Otto, Fritz Leonhard und Jörg Schlaich war, um die Ziele unseres ursprünglichen Konzepts nicht aus den Augen zu verlieren.

Schließlich kamen wir beide, nachdem wir 1968 samt unseren Familien nach München umgezogen waren, 1974 wieder nach Stuttgart zurück und arbeiteten an den noch in München begonnenen Konzepten

für die Bundesbauten in Bonn weiter, mit Carlo wiederum auch als genialem Übersetzer der gemeinsamen Ideen via Skizzen und großen Perspektivzeichnungen, auf denen im Vordergrund, schon seit den Olympiazeiten immer wieder, wohl als sein Idealtypus, eine Frauenfigur auftauchte, die Liliane nicht unähnlich war.

Aber auch die Partnerschaft mit Günter Behnisch sollte nicht lebenslang währen, denn zurück aus München stellten Carlo und ich ein in diesem Büro um sich greifendes Architektur- und Formverständnis fest, dem zumindest ich nicht mehr folgen wollte und, nachdem ich meine Entscheidung Behnisch und den anderen Partnern mitgeteilt hatte, Carlo mir sagte: „Wenn du gehst, gehe ich auch."

So gründeten wir 1980 eine neue, diesmal unsere Partnerschaft Auer+Weber, mit nichts anderem zum Abschied in der Hand als zwei Wettbewerbserfolgen – das Kurgastzentrum in Bad Salzuflen und das Subzentrum für den neuen Münchener Großflughafen MUC 2, die beide zum Glück schon bald zu Projekten wurden und damit den Anfang unseres Büros wirtschaftlich sicherstellten – Carlo mit Salzuflen, ich mit München.

Über unseren weiteren gemeinsamen Weg zu berichten, würde zu weit führen und wäre diesem Anlass unangemessen. Bleibt zu sagen, dass Carlo, nachdem er in der aktuellen Ausstellung der Münchner Architektursammlung „Show and Tell" das Video unseres gemeinsamen Interviews über die Entstehung des Münchener Olympiaprojekts angesehen hatte, feststellte: „Fritz, wir waren wie zwei Brüder".

Dem möchte ich, zumal es eines seiner letzten Statements zu unserer 61-jährigen Verbundenheit war, nichts weiter hinzufügen in der Erkenntnis, dass auch unter Brüdern nicht immer Einstimmigkeit herrschen muss – so auch in unserem Fall, eingedenk des Spruchs von Konrad Adenauer: „Wo zwei das Gleiche denken, ist einer zu viel."

Nun ist nur noch einer von uns übrig. Carlos Weg ist, wie schließlich alle menschlichen Wege, an einem Ende angelangt, wo sich vor jedem von uns zu irgendeinem Zeitpunkt ein Horizont auftut, den wir nicht überschauen können und es jedem überlassen bleibt, ob er dahinter eine Art Paradies vermutet, in das er hoffentlich aufgenommen wird oder sich damit begnügt, dass er in dessen Weite aufgeht.

Carlo, treuer Weggefährte, unsere Gedanken gehen von hier an dich in deinem frischen Grab in Münsing und begleiten dich darüber hinaus auf lange Zeit, gleich welches Ziel dir beschieden ist.

Dankesreden

5   Verleihung des Deutschen Architekturpreises 1989 für das
      Landratsamt Starnberg, 18. Dezember 1989

Vertrautes neu gestalten

Wir werden immer wieder gefragt, was unser architektonischer „Stil" sei, worauf wir antworten müssen, dass wir damit nicht dienen können in dem Sinn wie die Frage gemeint ist. Es geht uns nicht um ein durchgehendes gestalterisches Erkennungsmerkmal im Erscheinungsbild unserer Bauten. Von einer „Marken"-Architektur, wie sie von manchen Kollegen gepflegt und von bestimmten Auftraggebern bevorzugt wird, halten wir nichts, weil eine solche vorgefasst und aufgesetzt wirkt, dabei die Gestalt oftmals a priori festgelegt wird nach einem gewollten formalen Kanon, anstatt sie aus den Bedingungen einer jeweils anders gearteten Aufgabenstellung entstehen zu lassen.
Je nachdem, wo der inhaltliche Schwerpunkt einer Bauaufgabe liegt, wird deshalb in unserer Arbeit dieser oder jener Aspekt für die Gestalt des Gebauten zum Tragen kommen, wobei die Rahmenbedingungen und Bindungen, seien es geografische, klimatische, kulturelle, materielle, ökonomische und nicht zuletzt auch personelle Einflüsse, das Ergebnis mitbestimmen.
Dies soll jedoch nicht so verstanden werden, dass wir kein architektonisches Konzept oder gar „Leitbild" hätten, das sich, jeweils neu und nicht vorgefasst, unwillkürlich im Laufe der Auseinandersetzung mit einer Bauaufgabe einstellt. Schließlich leben wir nicht im geschichts- und beziehungslosen Raum, sondern sehen in den auf uns zukommenden Aufgabenstellungen immer auch die Chance, Verbindungen herzustellen und aufzuzeigen zwischen Vergangenheit, Gegenwart und Zukunft, zwischen Vorhandenem und Zugefügtem, ganz im Sinne eines Gewebes, das weitergesponnen oder einer Geschichte, die weitererzählt werden möchte.

Das heißt aber auch, dass die Mittel, die wir hierfür anwenden, seien es die Materialien an sich oder deren Zusammenwirken innerhalb eines baulichen Gefüges, anschaulich und im wörtlichen Sinne begreifbar sein sollten, um diese „Fortsetzung" nicht abreißen zu lassen. Wohl deshalb wirken unsere Bauten so selbstverständlich und zuweilen auch zu

unspektakulär für manche Kritiker, die mehr „Architektur" sehen möchten. Unschwer ist zu sagen, dass, wenn wir zwischen zwei Extremen zu entscheiden hätten, uns die Schönheit des Gewöhnlichen näher liegt als das Auffällige des Extravaganten.

Entwerfen, Planen und Bauen bedeutet demnach für uns in erster Linie nicht Selbstverwirklichung, sondern Dienstleistung in Verantwortung denjenigen gegenüber, denen das Gebaute dienen soll, also dessen Bewohnern und Nutzern, darüber hinaus aber auch gegenüber der Allgemeinheit, deren räumliches und soziales Bewusstsein durch das Gebaute beeinflusst und konsequenterweise verändert wird, zum Positiven oder zum Negativen. Deshalb beinhaltet unsere Tätigkeit immer auch eine politische Dimension – in der öffentlichen Wirksamkeit von Bauten, die sich oftmals erst in längeren Zeiträumen entfaltet.
Dass das bisher geschaffene Werk nicht alleinig unser persönliches Verdienst ist, versteht sich von selbst. Insofern stehen unsere beiden Namen stellvertretend für eine Vielzahl von hervorragend qualifizierten und engagierten Partnern und Mitarbeitern, die im Laufe der Jahre durch unser Büro gegangen oder bis heute bei uns sind und deren individuelle Spuren das vielschichtige und vielgesichtige Werk mitgeprägt haben.
Zu diesem engeren Kreis zählen nicht zuletzt auch die Fachingenieure und Berater, mit denen wir in der Regel von Anbeginn eines Projekts eng zusammenarbeiten, um die verschiedenen, auch zunächst scheinbar architektonisch nicht relevanten Aspekte objektiv zu diskutieren und aus ihren Beiträgen schließlich ein alle Belange integrierendes Gesamtkonzept zu entwickeln.

Welchen gesellschaftlichen und kulturellen Stellenwert die Architektur in Zukunft einnehmen wird, wagen wir nicht zu prognostizieren. Entscheidend wird hierfür sein die gesellschaftliche Wertschätzung und Anerkennung genuiner schöpferischer Leistungen von Architekten und Ingenieuren gegenüber einer zunehmend marktorientierten Lieferung von Gebautem als verhandelbare Ware, für die vom Architekten als „Designer" bestenfalls deren attraktive Verpackung bestellt wird. Sollte die Entwicklung in diese Richtung weitergehen und überhandnehmen, stünde damit unser Auftrag als Architekten innerhalb der Gesellschaft zur Disposition. Deshalb bedeuten uns Wettbewerbe und Auszeichnungen wie der Deutsche Architekturpreis nicht nur Ansporn, sich durch architektonische Qualität dieser Herausforderung und Verantwortung

immer wieder aufs Neue zu stellen, sondern geben uns auch die für unsere Arbeit unerlässliche Zuversicht und Hoffnung, dass Architektur, wie wir sie verstehen, als gesellschaftlicher Anstoß und kulturelles Ferment auch in Zukunft unverzichtbar bleibt. Erst daraus wächst – über Generationen – die Baukultur unserer Städte.

6   Verleihung des Fritz-Schumacher-Preises an Fritz Auer und
    Carlo Weber

Hannover, 29. November 1991

Die Nachricht von der Zuerkennung des Fritz-Schumacher-Preises hat
uns wahrlich unvorbereitet getroffen – fühlen wir uns doch mit unseren
57 beziehungsweise 58 Jahren als noch relativ junge, oder besser gesagt
junggebliebene Architekten, eher mitten in der täglichen Berufsarbeit
stehend als am Ende des Wegs, dessen Spuren und Bedeutung dann
sicher besser und gesicherter beurteilt werden können.
So verstehen wir diese Ehrung als Aufforderung und Verpflichtung, den
eingeschlagenen Weg weiterzugehen, die moralische Unterstützung
der Auszeichnung sozusagen als Wegzehrung für unsere weitere Arbeit
begreifend.
Im Rückblick gesehen nimmt dieser Weg, auf den wir beide aus
verschiedenen Richtungen getroffen sind, seinen gemeinsamen
Anfang an der Technischen Hochschule Stuttgart, wo wir uns 1953 als
Studienanfänger begegneten und später, 1955, Günter Behnisch im
Konstruktiven Entwerfen „Korrektur saßen", der uns daraufhin, vielleicht
aufgrund seines bekannt sicheren Gespürs für aktivierbare Talente, in sein
damals noch in den Anfängen stehendes Büro als Zwischenpraktikanten
holte.
Unser beider weitere berufliche Laufbahn war dadurch zwar
verständlicherweise bereits vorgezeichnet, aber sicherlich nicht geebnet.
Nach einem durch Stipendien ermöglichten Auslandsstudium – ich an
der Cranbrook Academy of Art in Michigan und einer Büropraxis bei
Minoru Yamasaki, Carlo Weber an der Ecole des Beaux Arts in Paris mit
anschließender Tätigkeit bei Louis Arretche, übrigens 1980 ebenfalls
Schumacher-Preisträger – trafen wir beide in Stuttgart wieder mit Behnisch
zusammen, um mit ihm ab 1966 als Partner zusammenzuarbeiten, bis wir
schließlich 1980 unsere eigene Architektengemeinschaft gründeten.
Mit diesem Kurzabriss unseres Werdegangs ist bereits ein Schwerpunkt
unserer Berufsauffassung gesetzt.
Anstelle eines solitären oder elitären Alleingangs sehen wir in
der Zusammenarbeit mit engagierten Gleichgesinnten, aber

nicht Gleichgerichteten, im kooperativen Wechselspiel vielfältiger Diskussionsansätze im Gegensatz zu hierarchischer Kollektivierung nach dem Willen eines Einzelnen das schöpferische Kapital, für das im übertragenen Sinne ein Satz aus dem Vorwort Fritz Schumachers zu seinem „Lesebuch für Baumeister" von 1941 stehen kann:
„Es ist eine vielartig zusammengesetzte Schar, die da zusammengeladen wird, aber wenn jeder Geladene in seiner Art etwas Rechtes zu sagen weiß, begegnen sich in einem solchen Kreise immer Geister, die zueinander passen, auch wenn sie nicht sorgfältig nach Art und Stand sortiert sind."
Aus diesem sich immer wieder von unten erneuernden Potenzial unserer Arbeitsgemeinschaft und der von ihr bewusst gesuchten Auseinandersetzung mit den am jeweiligen baulichen Prozess Beteiligten – angefangen vom Auftraggeber als verantwortungsbewusstem Bauherrn, den späteren Benutzern und ihren Vertretungen, den fachkundigen Ingenieuren und Beratern, den Künstlern, die frei von baulichen Bindungen dem Werk eine tiefere Wahrnehmungsebene verleihen können bis hin zu den Firmen und Handwerkern, die den gedachten Plan in die Wirklichkeit von Körper und Raum umsetzen –, dieser Vielzahl und Unterschiedlichkeit der Beteiligten und Meinungen, lässt die für manche überraschende Spannweite und Vielschichtigkeit der architektonischen Antworten entstehen, die je nach Aufgabenstellung, Örtlichkeit und Verfügbarkeit der Mittel zu jeweils unterschiedlicher, a priori nicht definierter „Gestalt" führen. Eine Gestalt, die sich nicht aus dem formalen Überbau, nicht aus einer bestimmten Handschrift oder einem persönlichen „Stil" erklärt, sondern aus der Darlegung des Inhaltlichen der Aufgabe, dem Offenlegen der Spuren und Energien einer Situation in Raum und Zeit, im weitesten Sinne der „Geschichte" eines Orts, der Beweggründe und Handlungen der am Entstehungsprozess Beteiligten.

Wenn architektonisches Schaffen nicht als Vorwand für egozentrische Selbstverwirklichung, sondern als soziale und damit als kulturelle Dienstleistung dem Individuum und der Gemeinschaft gegenüber verstanden wird, muss der Architekt, um nochmals mit Fritz Schumacher zu sprechen, „sich der Sendung bewusst werden, Baumeister des Lebensgebäudes zu werden, in dem die Menschen unserer Zeit wieder mit Anstand wohnen können".
Dieser Auftrag hat mit hoher Verantwortung, professioneller wie menschlicher Kompetenz und zugleich mit Bescheidenheit zu tun.

Bei „Versachlichung" unserer gesellschaftlichen Maßstäbe bis hin zur kulturellen Belanglosigkeit, bei aller Anfechtung unseres Berufsethos durch das vordergründige Gewicht materieller Argumente und deren versierte Vertreter bis in die obersten Instanzen unseres Staats hinein, bleibt uns als stärkste Gegenkraft diese Vision eines „Lebensgebäudes", das im wörtlichen Sinne begreifbar, zugänglich und vertraut, dem Menschen in seinem täglichen Tun und Lassen Raum zur Entfaltung seiner Persönlichkeit gibt, in dem er zu sich selbst und zu seinen Mitmenschen finden kann.

Wir möchten Ihnen, sehr verehrter Herr Töpfer, als Gründer der Stiftung und dem Kuratorium, welches uns für die Auszeichnung vorgeschlagen hat, danken, dass Sie uns mit der Anerkennung unserer Arbeit in dem Bemühen, gemeinsam mit vielen anderen, die uns dabei zur Seite standen, diesem Lebensgebäude einen kleinen Baustein zuzufügen, bestärkt und unterstützt haben.

Wir verstehen diese Ehrung, die wir deshalb auch stellvertretend für alle, die geholfen haben, entgegennehmen als ein Zeichen, wenn schon nicht auf dem sicheren, so doch auf einem hoffnungsvollen Wege zu sein.

Ein Zeltdach für München und die Welt

Die Verwirklichung einer Idee für Olympia 1972

»**Das Buch ist ein stimmungs-aufhellendes Antidepressivum.**«

Süddeutsche Zeitung

Fritz Auer war als einer der ›Olympiaarchitekten‹ im Architekturbüro Behnisch & Partner wesentlich mitverantwortlich für den Entwurf und die Planung des Münchner Olympiaparks mit seinen Hauptsportstätten für die XX. Olympischen Spiele 1972.

Seine Erinnerungen geben Einblick in die Entstehungsgeschichte dieses einmaligen Projekts, insbesondere des inzwischen weltberühmten »Zeltdachs«, das zu einem Symbol der jungen westdeutschen Demokratie und zu einer Landmarke im Münchner Stadtbild geworden ist. Viele Abbildungen und Skizzen verdeutlichen den Planungsprozess des Olympiageländes.

196 S., Paperback, ISBN 978-3-96233-322-5